Quiz2go

Ratespaß für die ganze Familie

Michael Felske

Impressum

Bibliografische Information der Deutschen Nationalbibliothek:
Die Deutsche Nationalbibliothek verzeichnet diese Publikation
in der Deutschen Nationalbibliografie; detaillierte
bibliografische Daten sind im Internet über http://dnb.dnb.de
abrufbar.

© 2023 Michael Felske

Herstellung und Verlag: BoD – Books on Demand,
Norderstedt

ISBN: 9783734723834

INHALT

Vorspiel	8
Goldhamster-Quiz	9
Pflanzen-Quiz	19
Meerschweinchen-Quiz	47
Deutschland-Quiz	70
Redewendungen-Quiz	96
Kneipen-Quiz	105
Volkslieder-Raten	110
1960er Schlager raten: Titel ergänzen	121
1970er Schlager raten: Titel ergänzen	126
50 Teekesselchen	129
Über den Autor	154

VORSPIEL

Ratespiele, Quizze und Teekesselchen sind allen technischen Entwicklungen zum Trotz immer und überall angesagt. Bei diesem Quiz-Taschenbuch habe ich als Einsatzmöglichkeit Familienfeiern vom Kindergeburtstag bis zum Ehrentag eines Erwachsenen vor meinem geistigen Auge. Meines Erachtens ist für jeden etwas dabei. Beim Hamster- und Meerschweinchenquiz lernen Kinder sogar etwas über die artgemäße Tierhaltung, ältere Kinder werden beim Deutschlandquiz schlauer. Wenn Kneipenquiz und Schlager-Raten Erwachsene zum Zuprosten und Singen animieren, dann haben auch diese ihr Ziel erreicht. Gemeinsam rätseln können Kinder und Erwachsene bei den 50 Teekesselchen, die ich als Auszug aus meinen Teekesselchen-Büchern hinzugefügt habe.

Viel Spaß beim Raten wünscht Ihnen Ihr

Michael Felske

GOLDHAMSTER-QUIZ

1. Woher stammt der Hamster ursprünglich?

a) Grenzland Türkei/Syrien.
b) Grenzland Iran/Irak.
c) Grenzland Ägypten/Libyen.
d) Grenzland Spanien/Portugal.

2. Hamster möchten ...?

a) ständig gestreichelt werden.
b) hüpfen und springen.
c) Tag und Nacht schlafen.
d) Höhlen anlegen und laufen.

3. Goldhamster leben gerne...?

a) ...im Rudel.
b) ...mit Partner.
c) ...allein.
d) ...mit mehreren Partnern.

4. Welches Alter können Goldhamster erreichen?

a) 1 bis 2 Jahre.
b) 4 bis 5 Jahre.
c) 5 bis 6 Jahre.
d) 2 bis 3 Jahre.

5. Mit welchen Tieren kannst Du Hamster zusammen im Käfig halten?

a) mit keinen anderen.
b) mit Meerschweinchen.
c) mit Zwergkaninchen.
d) mit Hamstern.

6. Wie groß sollte die Grundfläche eines Käfigs sein?

a) 4 Quadratmeter.
b) 3 Quadratmeter.
c) 2 Quadratmeter.
d) 1 Quadratmeter.

7. Hamster möchten gerne...?

a) ...auf großer Fläche wohnen.
b) ...auf mehreren Ebenen wohnen.
c) ...in einem Hamsterhaus wohnen.

d) ...auf einer Ebene wohnen.

8. Wie hoch sollten Hamstergehece sein?

a) 50 cm.
b) 60 cm.
c) 70 cm.
d) 30 cm.

9. Wie hoch sollte die Einstreu im Gehege sein?

a) 10 cm.
b) 20 cm.
c) 30 cm.
d) 5 cm.

10. Welcher Sand eignet sich für Sandbäder?

a) Vogelsand.
b) Hamstersand.
c) Chinchillasand.
d) Aquariumssand.

Lösung: 1a.
Lösung: 2d.
Lösung: 3c.
Lösung: 4d.
Lösung: 5a.

Lösung: 6d.
Lösung: 7b.
Lösung: 8c.
Lösung: 9c.
Lösung: 10c.

11. Warum sollst Du Deinen Hamster tagsüber nicht wecken?

a) Weil er Dich beißen kann.
b) Weil er einen Schock bekommt.
c) Weil er sonst nicht genug frisst.
d) Weil er nicht wieder einschlafen kann.

12. Bis zu welchem Alter wachsen die Schneidezähne?

a) bis zu drei Jahren.
b) bis zu vier Jahren.
c) bis zu einem Jahr.
d) das ganze Leben lang.

13. Wieviel Gramm Nahrung passt in die Backentaschen?

a) 20 Gramm.
b) 10 Gramm.
c) 50 Gramm.
d) 90 Gramm.

14. Zu welcher Tageszeit solltest Du Deinen Hamster füttern?

a) Nachts.
b) Morgens.
c) Am späten Nachmittag.
d) Am späten Abend.

15. Was darf keinesfalls im Futter enthalten sein?

a) Vitamine.
b) Zucker.
c) Proteine.
d) Körner.

16. Welche Menge frisst ein ausgewachsenes Tier am Tag?

a) 10 bis 15 Gramm.
b) 15 bis 20 Gramm.
c) 1 bis 10 Gramm.
d) 20 bis 30 Gramm.

17. Täglich als Futter zur Verfügung stehen sollte...?

a) ...Leckerlis.
b) ...Sonnenblumenkerne.
c) ...Nüsse.
d) ...Heu.

18. Täglich zur Verfügung stehen sollte...?

a) ...Insekten.
b) ...frisches Trinkwasser.
c) ...Kräuter.
d) ...Sauerampfer.

19. Warum sollten Hamster kein zuckerhaltiges Fressen zu sich nehmen?

a) Weil sie davon dick werden.
b) Weil davon die Backentaschen verkleben.
c) Weil sie davon träge werden.
d) Weil sie dann zu viel schlafen.

20. Nicht als Hamsterfutter geeignet ist...?

a) Kopfsalat.
b) Ruccula.
c) Brunnenkresse.
d) Rohe Kartoffel.

Lösung: 11a.
Lösung: 12d.
Lösung: 13a.
Lösung: 14c.
Lösung: 15b.
Lösung: 16a.

Lösung: 17d.
Lösung: 18b.
Lösung: 19b.
Lösung: 20d.

21. Nicht als Hamsterfutter geeignet ist...?

a) Fisch.
b) Hüttenkäse.
c) Lauch.
d) Vogelmiere.

Lösung: 21c.

22. Nicht als Hamsterfutter geeignet ist...?

a) Brennnessel.
b) Klee.
c) Melisse.
d) Kohl.

Lösung: 22d.

23. Nicht als Hamsterfutter geeignet ist...?

a) Bohnen.
b) Sonnenhut.

c) Garnelen.
d) Heuschrecken.

Lösung: 23a.

24. Nicht als Hamsterfutter geeignet ist...?

a) Zwiebeln.
b) Mehlwürmer.
c) Heimchen.
d) Hundekuchen.

Lösung: 24a.

25. Nicht als Hamsterfutter geeignet ist...?

a) Grillen.
b) Quark.
c) Avocado.
d) Käse.

Lösung: 25c.

26. Wie oft pro Jahr kann ein Weibchen Nachwuchs bekommen?

a) 10 mal.

b) 11 mal.
c) 12 mal.
d) 14 mal.

Lösung: 26a.

27. Wieviele Jungtiere kann ein Wurf umfassen?

a) sieben bis 14.
b) eins bis zwei.
c) drei bis vier.
d) fünf bis sechs.

Lösung: 27a.

28. Wie oft muss feuchte Einstreu beseitigt werden?

a) täglich.
b) alle zwei Tage.
c) alle vier Tage.
d) einmal pro Woche.

Lösung: 28a.

29. Womit reinigst Du die Bodenwanne des Käfigs?

a) mit Seifenlauge und einer Bürste.
b) mit Desinfektionsmittel und einer Bürste.

c) mit scharfem Reinigungsmittel und einer Bürste.
d) mit heißem Wasser und einer Bürste.

Lösung: 29d.

30. Welchen Durchmesser sollte das Laufrad haben?

a) mindestens 20 Zentimeter.
b) mindestens 10 Zentimeter.
c) mindestens 30 Zentimeter.
d) mindestens 40 Zentimeter.

Lösung: 30a.

PFLANZEN-QUIZ

1. Warum heißt Katzenminze "Katzenminze"?

a) Der Stängel ist behaart wie Katzenfell.
b) Das Innere der Blüte erinnert an Katzenaugen.
c) Geschlechtsreife Katzen fühlen sich vom Geruch angezogen.
d) Der Geruch vertreibt Ratten.

2. Welche Wuchshöhe können Gänseblümchen erreichen?

a) 20 cm.
b) 5 cm.
c) 15 cm.
d) 10 cm.

3. Wofür werden Veilchen verwendet? Als...

a) ...Creme gegen Hautreizungen.
b) ...Salbe gegen Prellungen.
c) ...Tropfen gegen Heuschnupfen.
d) ...Sirup gegen Husten.

4. Die Kartoffel sollte niemals im...?

a) ...trockenen Keller liegen.
b) ...dunklen Keller liegen.
c) ...Kühlschrank aufbewahrt werden.
d) ...geschlossenen Räumen gelagert werden.

5. Welche Frucht ist eine Nuss?

a) Erdbeere.
b) Kokosnüsse.
c) Pflaume.
d) Erdnüsse.

5. Welche Frucht ist eine Nuss?

a) Erdbeere.
b) Kokosnüsse.
c) Pflaume.
d) Erdnüsse.

6. Welche Frucht ist keine Beere?

a) Brombeere.
b) Stachelbeere.
c) Johannisbeere.
d) Heidelbeere.

7. Was unternehmen Kirschbauern gegen Regen?

a) Sie sorgen für schnellen Wasserabfluss.
b) Sie bauen ein Dach aus Folien über den Baum.
c) Sie spannen Netze über den Baum.
d) Sie pflanzen Bäume in Gewächshäusern an.

8. Wie wird Kohlrabi auch genannt?

a) Stangenrübe.
b) Oberrübe.
c) Grünrübe.
d) Suppenrübe.

9. Mit welchem Gemüse ist Sellerie verwandt?

a) Rübe.
b) Möhre.
c) Kohlrabi.
d) Blumenkohl.

10. Welche Obst ist eine Beere?

a) Wacholderbeere.
b) Himbeere.
c) Banane.
d) Vogelbeere.

Lösung 1: c.
Lösung 2: c.
Lösung 3: d.
Lösung 4: c.
Lösung 5: a.
Lösung 6: a.
Lösung 7: c.
Lösung 8: b.
Lösung 9: b.

Lösung 10: c.

11. Die Gurke ist ein...?

a) ...Kürbisgewächs.
b) ...Rosengewächs.
c) ...Dickblattgewächs.
d) ...Doldenblütengewächs.

12. Welche Pflanzen sind essbar?

a) Engelstrompete.
b) Gänseblümchen.
c) Maiglöckchen.
d) Herbstzeitlose.

13. Welche Kirschen sind giftig?

a) Sauerkirschen.
b) Tollkirschen.
c) Süßkirschen.
d) Knorpelkirschen.

14. Gurken stammen aus...?

a) ...Indien.
b) ...Asien.
c) ...Südamerika.
d) ..Neuseeland.

15. Gurken haben...?

a) ...viele Kalorien.
b) ...keine Kalorien.
c) ...sehr viele Kalorien.
d) ...wenig Kalorien.

16. Welches ist das beliebteste Gemüse in Deutschland?

a) Bulumenkohl.
b) Tomaten.
c) Brokkoli.
d) Gurken.

17. Welche Pflanze frisst Fleisch?

a) Teufelskralle
b) Weihrauch
c) Edelweiß
d) Kaktus

18. Wo wachsen Gurken?

a) an Bäumen
b) unter der Erde
c) in Büschen
d) an Kletterranken

19. Ein Erdapfel ist eine...?

a) Zwiebel
b) Kartoffel
c) Tomate
d) Möhre

20. Kokosnüsse wachsen ...?

a) unter der Erde
b) an Sträuchern
c) auf Palmen
d) an Kokosbäumen

Lösung 11: a.
Lösung 12: b.
Lösung 13: b.
Lösung 14: a.
Lösung 15: d.
Lösung 16: b.
Lösung 17: a.
Lösung 18: d.
Lösung 19: b.
Lösung 20: c.

21: Woran kann man das genaue Alter eines Baumes ablesen?

a) an seinen Jahresringen
b) an seinen Ästen

c) an seinem Umfang

d) an seiner Rinde

22. Tomatenpflanzen sind...?

a) ...Kurztagpflanzen
b) ...Langtagpflanzen
c) ...Mitternachtspflanzen
d) ...Nachtschattenpflanzen

23. Welches dieser Nahrungsmittel ist eine Nuss?

a) Haselnuss
b) Kokosnuss
c) Erdnuss
d) Walnuss

24. Die älteste Baumart ist ...?

a) der Mammutbaum
b) der Buchsbaum
c) der Ginkgobaum
d) die Altdeutsche Fichte

25. Welches ist eine Pflanze?

a) Schwamm
b) Seeanemone
c) Seegurke
d) Seetang

26. Wie lang ist das Blatt vom Riementang?

a) 10-15 m
b) 20-25 m
c) 2-6 m
d) 0-2 m

27. Welches ist keine Blume?

a) Tulpe
b) Pfingstrose
c) Rose
d) Gladiole

28: Woher stammt die wilde Sonnenblume?

a) Asien
b) Australien
c) Europa
d) Nord- und Mittelamerika

29. Welche Gertenarten gibt es?

a) Sommergerste
b) Herbstgerste
c) Frostgerste
d) Frühlingsgerste

30. Wie werden Radieschen noch genannt?

a) Monatsrettich
b) Radiesi
c) Gartenrettich
d) Ölrettich

Lösung 21: a.
Lösung 22: a.
Lösung 23: a.
Lösung 24: c.
Lösung 25: d.
Lösung 26: c.
Lösung 27: c.
Lösung 28: d.
Lösung 29: a.
Lösung 30: a.

31. Wie wird Löwenzahn auch genannt?

a) Sonnenschein
b) Pusteblume
c) Ferkelkraut
d) Bienenweide

32. Die Wurzeln von Klee sind...?

a) pfahlartig
b) fischgrätenförmig
c) flach wurzelnd

d) horizontal wurzelnd

33. Küchenzwiebeln waren im alten Ägypten...?

a) ...ein Zahlungsmittel
b) ...ein Gewürz
c) ...eine Zierpflanze
d) ...eine Strafe der Götter

34. Knoblauchzehen heißen auch...?

a) ...Zwiebelkinder
b) ...Tochterzwiebeln
c) ...Jünglingszwiebeln
d) ...Lauchstückchen

35. Wie hoch kann die Pfefferpflanze wachsen?

a) 3-5 m
b) bis zu 7 m
c) bis zu 10 m
d) 12-20 m

36. Schwarzer Pfeffer wird aus...?

a) grünen Früchten gewonnen
b) schwarzen Früchten gewonnen
c) roten Früchten gewonnen
d) gelben Früchten gewonnen

37. Was ist schärfer als Pfefferspray zur Tierabwehr?

a) Tabascosauce
b) Peperoni
c) Habanero-Chilis
d) reiner Cayennepfeffer

38. Mais stammt ursprünglich aus...?

a) Afrika
b) Indien
c) Australien
d) Mexiko

39. Welches Getreide enthält kein Gluten?

a) Weizen
b) Mais
c) Roggen
d) Dinkel

40. Welche Pflanze dient als Bienenweide?

a) echter Thymian
b) Kaktus
c) Palme
d) gelbes Windröschen

Lösung 31: b.
Lösung 32: b.

Lösung 33: a.
Lösung 34: b.
Lösung 35: c.
Lösung 36: a.
Lösung 37: c.
Lösung 38: d.
Lösung 39: b.
Lösung 40: a.

41. Welche Kastanie nennt man "Esskastanie"?

a) Chinesische Kastanie
b) Amerikanische Kastanie
c) Edelkastanie
d) Japanische Kastanie

42. Woher stammt der Milchorangenbaum?

a) Nordamerika
b) Südamerika
c) Australien
d) Indien

43. Wie lang ist das längste Blatt einer Raphia-Palme?

a) bis zu 12 m
b) bis zu 25 m
c) bis zu 30 m
d) bis zu 6 m

44. Welche Frucht ist eine Beere?

a) Vogelbeere
b) Boysenbeere
c) Wacholderbeere
d) Melone

45. Wie wird Brokkoli auch genannt?

a) Winterblumenkohl
b) Sauerkohl
c) Winterkohl
d) Kohlsprossen

46. Wenn Blumenkohl nicht geerntet wird, dann...?

a) ...platzt er
b) ...schießt er
c) ...fällt er zusammen
d) ...knallt er

47. Womit ist die Zuckermelone näher verwandt?

a) Wassermelone
b) Kürbis
c) Gurke
d) Zucchini

48. Wie wird die Kichererbse auch genannt?

a) Römische Kicher
b) Spanische Kicher
c) Ackererbse
d) Saturnkicher

49. Welche Frucht ist keine Hülsenfrucht?

a) grüne Bohnen
b) Sojabohnen
c) Erbsen
d) Kratzbeere

50. Als Pflanzen werden Lebewesen bezeichnet, die...?

a) ...grün aussehen
b) ...Blätter haben
c) ...Sonne lieben
d) ...sich nicht fortbewegen können

Lösung 41: c.
Lösung 42: a.
Lösung 43: b.
Lösung 44: d.
Lösung 45: a.
Lösung 46: b.
Lösung 47: c.
Lösung 48: a.
Lösung 49: d.

Lösung 50: d.

51. Warum sind Möhren orange?

a) weil sie aus Holland kommen
b) weil ein Farbstoff enthalten ist
c) weil niemand lila Möhren essen würde
d) weil das gut aussieht

52. Bei Linsen isst man...?

a) ...die Samen
b) ...die Früchte
c) ...die Blüten
d) ...die Fiederblättchen

53. Paprika wird als Gemüse und als...?

a) ...Bratling verwendet
b) ...Gewürz verwendet
c) ...Nachtisch verwendet
d) ...Tablette verwendet

54. Wie kommt die Butterblume zu ihrem Namen?

a) die Blütenblätter schmecken nach Butter
b) getrocknete Blüten wurden früher zum Färben von Butter verwendet
c) früher gehörte sie zum Frühstück der Adeligen
d) der Saft der Pflanze schmeckt wie Butter

55. Welche Pflanze ist für Menschen giftig?

a) Butterblume
b) Löwenzahn
c) Brennnessel
d) Gänseblümchen

56. Rotkohl ist ein...?

a) ...Sommergemüse
b) ...Frühlingsgemüse
c) ...Wintergemüse
d) ...Herbstgemüse

57. Wo wachsen Muskatnüsse?

a) an einem Busch
b) an einem Strauch
c) an einem Baum
d) an einem Rankgewächs

58. Welches Teil des Ingwer wird als Gewürz oder als Tee genutzt?

a) Blütenblätter
b) Blätter
c) Wurzelstock
d) Früchte

59. Wie wird Schnittlauch auch genannt?

a) Binsenlauch
b) Blattlauch
c) Grünlauch
d) Küchenlauch

60. Warum muss man beim Schneiden von Zwiebeln weinen?

a) sie sehen so traurig aus
b) sie setzen einen Reizstoff für die Schleimhäute frei
c) sie schmecken sehr scharf
d) sie riechen unangenehm

Lösung 51: b.
Lösung 52: a.
Lösung 53: b.
Lösung 54: b.
Lösung 55: a.
Lösung 56: c.
Lösung 57: c.
Lösung 58: c.
Lösung 59: a.
Lösung 60: b.

61. Welches ist das beliebteste Obst in Deutschland?

a) Kirschen
b) Birnen
c) Bananen

d) Äpfel

62. Wie hoch ist der Pro-Kopf-Verbrauch von Äpfeln in Deutschland?

a) 6,6 kg
b) 25,5 kg
c) 19,1 kg
d) 3,7 kg

63. Wieviel Kilogramm Obst hat jeder Deutsche im Jahr 2018/2019 verspeist?

a) bis 35 kg
b) über 70 kg
c) bis 46 kg
d) über 83 kg

64. Zucchini ist eine Zuchtform...?

a) ...des Gartenkürbisses
b) ...der Wassermelone
c) ...der Honigmelone
d) ...der Gurke

65. Wie tief reicht die Wurzel einer Gurkenpflanze ins Erdreich?

a) zwei Meter

b) drei Meter
c) einen Meter
d) einen halben Meter

66. Welches Pflanzenteil ist die Zuckerrübe?

a) Frucht
b) Pfahlwurzel
c) Keimwurzel
d) Seitenwurzel

67. Wie wird die Auberginenpflanze auch genannt?

a) Wunderpflanze
b) Keulenpflanze
c) Eierpflanze
d) Topfpflanze

68. Welches Wurzelwerk bildet die Acker-Winde aus?

a) mehrere dicke Pfahlwurzeln
b) lange Luftwurzeln
c) verdickte Wurzelstränge
d) dünne flache Wurzeln

69. Welche Frucht wird als Juckpulver verwendet?

a) Haselnuss
b) Hagebutte
c) Kichererbse

d) Platterbse

70. Wasserschläuche sind...?

a) ...fleischfressende Pflanzen
b) ...Gartenpflanzen
c) ...Gebirgspflanzen
d) ...Wüstengewächse

Lösung 61: d.
Lösung 62: b.
Lösung 63: b.
Lösung 64: a.
Lösung 65: c.
Lösung 66: b.
Lösung 67: c.
Lösung 68: c.
Lösung 69: b.
Lösung 70: a.

71. Welche Obstsorte wird nicht in Deutschland angebaut?

a) Äpfel
b) Kirschen
c) Orangen
d) Birnen

72. Welches Gemüse wird in Deutschland im Januar geerntet?

a) Blumenkohl

b) Wirsing
c) Gurken
d) Tomaten

73. Wann werden junge Tomatenpflanzen umgesetzt (pikiert)?

a) im Winter
b) im Frühjahr
c) im Sommer
d) im Herbst

74. Wie sollten Kartoffeln gelagert werden?

a) dunkel und warm
b) hell und kühl
c) dunkel und kühl
d) hell und warm

75. Wie wird Pimpinelle auch genannt?

a) Kleiner Wiesenknopf
b) Süßes Kraut
c) Kugelkraut
d) Rosetti

76. Wann blüht die Arnika-Blume

a) zwischen März und Mai
b) zwischen Oktober und November
c) zwischen April und Juni

d) zwischen Juni und September

77. Was ist eine Kräuterspirale?

a) Möglichkeit zum Anbau diverser Kräuter auf engem Raum
b) Möglichkeit zur Lagerung von frischen Kräutern
c) Möglichkeit zur Lagerung von getrockneten Kräutern
d) Anlage zur sanften Trocknung von Kräutern

78. Welches Kraut verträgt sich im Beet nicht mit Thymian?

a) Zitronenmelisse
b) Majoran
c) Pfefferminze
d) Petersilie

79. Wie wird Waldmeister auch genannt?

a) Sirupkraut
b) Maikraut
c) Grüner Meister
d) Labskaus

80. Blätter und Stängel der Großen Brennnessel enthalten…?

a) …Nadeln
b) …Stacheln
c) …Schneidhaare
d) …Brennhaare

Lösung 71: c.
Lösung 72: b.
Lösung 73: b.
Lösung 74: c.
Lösung 75: a.
Lösung 76: d.
Lösung 77: a.
Lösung 78: b.
Lösung 79: b.
Lösung 80: d.

81. Welches Spiel wird mit getrockneten Bohnen gespielt?

a) Bohnanza
b) Bohnenspiel
c) Bohnmühle
d) Bohnenschach

82. Bohnen wachsen auch an...?

a) Brettern
b) Steinen
c) Stangen
d) Bäumen

83. Wo wächst der Leberwurstbaum?

a) Asien
b) Afrika

c) Südamerika
d) Australien

84. Die Früchte des Leberwurstbaumes werden bis zu...?

a) ...2 kg schwer
b) ...5 kg schwer
c) ...7 kg schwer
d) ...12 kg schwer

85. Wie wird die Mirabelle auch genannt?

a) Pflaume
b) Grüne Zwetschge
c) Gelbe Zwetschge
d) Kirschpflaume

86. Welche Bestandteile von Rhabarber werden verwendet?

a) Blätter
b) Wurzeln
c) Blattstiele
d) Blüten

87. Wie werden Stiefmütterchen auch genannt?

a) Christusauge
b) Pfauenauge
c) Veilchenauge
d) Blütenauge

88. Sonnenblumen sind...?

a) ...einjährige kultivierte Pflanzen
b) ...zweijährige kultivierte Pflanzen
c) ...dreijährige kultivierte Pflanzen
d) ...mehrjährige kultivierte Pflanzen

89. Sonnenblumen stammen ursprünglich aus...?

a) ...Afrika
b) ...Nord- und Mittelamerika
c) ...Asien
d) ...Neuseeland

90. Wie wird das Gänseblümchen auch genannt?

a) Tausendschön
b) Immerschön
c) Tausendliebchen
d) Augenschön

Lösung 81: b.
Lösung 82: c.
Lösung 83: b.
Lösung 84: d.
Lösung 85: c.
Lösung 86: c.
Lösung 87: a.

Lösung 88: a.
Lösung 89: b.
Lösung 90: a.

91. Was gehört nicht zum Spross einer Pflanze?

a) Blätter
b) Blüten
c) Wurzeln
d) Früchte

92. Welches ist ein Blütenstand?

a) Hundchen
b) Kätzchen
c) Würmchen
d) Glöckchen

93. Wer kann sich mit Weintrauben vergiften?

a) Papageien
b) Wellensittiche
c) Katzen
d) Hunde

94. Wer kann sich mit Rosinen vergiften?

a) Kakadus und Wellensittiche
b) Meerschweinchen und Hamster
c) Katzen und Hunde
d) Kaninchen und Hörnchen

95. Rosinen sind...?

a) ...getrocknete Weinbeeren
b) ...getrocknete Kirschen
c) ...Früchte des Rosinenbaumes
d) ...Früchte des Rosinenstrauches

96. Die Weinrebe ist...?

a) Haftwurzelkletterer
b) ein Spreizklimmer
c) eine Liane
d) eine Schlingpflanze

97. Wie werden Brombeeren auch genannt?

a) Schwarzbeeren
b) Blaubeeren
c) Kratzbeeren
d) Waldbeeren

98. Welche Johannisbeeren gibt es?

a) gelbe Johannisbeeren
b) grüne Johannisbeeren
c) blaue Johannisbeeren
d) schwarze Johannisbeeren

99. Woher stammen Kürbisse ursprünglich?

a) Afrika
b) Asien
c) Amerika
d) Europa

100. Tannen haben...?

a) ...flache Wurzeln
b) ...tiefe Wurzeln
c) ...Wurzelknollen
d) ...kurze Wurzeln

Lösung 91: c.
Lösung 92: b.
Lösung 93: d.
Lösung 94: c.
Lösung 95: a.
Lösung 96: c.
Lösung 97: c.
Lösung 98: d.
Lösung 99: c.
Lösung 100: b.

MEERSCHWEINCHEN-QUIZ

1. Wie alt werden Meerschweinchen durchschnittlich?

a) 8 bis 15 Jahre
b) 15 bis 20 Jahre
c) 2 bis vier Jahre
d) 6 bis 8 Jahre

2. Wie viele Zähne haben Meerschweinchen?

a) 16
b) 20
c) 24
d) 18

3. Ab welchem Alter können Jungtiere an ihre neuen Besitzer abgegeben werden?

a) 1 Monat
b) 2 Monate
c) 8 Wochen
d) 4 Wochen

4. Meerschweinchen fressen kein...?

a) ...Gemüse
b) ...Gras
c) ...Trockenbrot
d) ...Hühnerfleisch

5. Meerschweinchen leben gerne …?

a) …im Rudel
b) …allein
c) …mit ihrem Partner
d) …mit zwei Partnern

6. Wie groß sollte ein Käfig für zwei Tiere in der Wohnung sein?

a) 80cm Breite und 120cm Länge
b) 60cm Breite und 80cm Länge
c) 60cm Breite und 160cm Länge
d) 60cm Breite und 100cm Länge

7. Meerschweinchen wollen…?

a) …graben und buddeln
b) …laufen und rennen
c) …schlafen und fressen
d) …hüpfen und springen

8. Welches ist der richtige Standort für einen Käfig?

a) Schlafzimmer
b) Kinderzimmer
c) Wohnzimmer
d) Küche

9. Wo sollte der Käfig nicht stehen?

a) neben Lautsprecherboxen und Fernseher
b) neben Tischbeinen
c) auf der Fensterbank
d) neben der Heizung

10. Warum sollte der Käfig oben ein Gitter und keine Plastikkuppel haben?

a) damit die man die Tiere besser hören kann
b) damit die Tier Sonnenlicht bekommen
c) damit man Futter durch die Stäbe stecken kann
d) damit der Urindampf entweichen kann

Lösung 1: d.
Lösung 2: b.
Lösung 3: d.
Lösung 4: d.
Lösung 5: a.
Lösung 6: c.
Lösung 7: b.
Lösung 8: c.
Lösung 9: a.
Lösung 10: d.

11. Welchen Vorteil haben Käfige aus Holz mit Gitter?

a) sie wiegen sehr viel
b) sie sind teurer als Plastikkäfige

c) Einstreu verteilt sich rund um den Käfig
d) Meerschweinchen sehen, was rund um ihren Käfig passiert

12. Wie oft sollen nasse Einstreu entfernt werden?

a) einmal pro Woche
b) einmal am Tag
c) alle zwei Tage
d) einmal im Monat

13. Wie oft sollte der gesamte Käfig komplett gereinigt werden?

a) einmal im halben Jahr
b) einmal in zwei Wochen
c) alle zwei Monate
d) einmal im Monat

14. Womit sollte Urinstein entfernt werden?

a) aggressives Desinfektionsmittel
b) aggressives Reinigungsmittel
c) Essigessenz
d) Seifenlauge

15. Wie hoch sind die Anschaffungskosten mit Tieren, Käfig und Zubehör?

a) bis zu 100 Euro
b) bis zu 250 Euro
c) bis zu 350 Euro

d) bis zu 550 Euro

16. Wie hoch sind die monatlichen Kosten?

a) 100 Euro
b) 20 Euro
c) 65 Euro
d) 85 Euro

17. Was ist der Vorteil der Sippitränke?

a) Reinigung ist mühsam
b) ununterbrochener Wasserfluss
c) unnatürliche Kopfhaltung beim Trinken
d) Reinigung nicht so einfach

18. Was ist der Vorteil von Heuraufen mit vertikalen Lamellen gegenüber solchen mit Gitter?

a) das Heu hat einen besseren Halt
b) die Tiere kommen einfach ans Heu heran
c) die Verletzungsgefahr ist gering
d) das Futter wird nicht platt getreten

19. Was ist der Vorteil einer Holz-Heuraufe mit Deckel?

a) Tiere können nicht hinein klettern
b) Raufe kann angeknabbert werden
c) Tiere nutzen Deckel als Terrasse
d) sieht einfach besser aus

20. Wann soll altes, nicht gefressenes Frischfutter aus dem Käfig entfernt werden?

a) einmal pro Woche
b) am Tag nach der Fütterung
c) bevor es schlecht wird
d) alle drei Tage

Lösung 11: d.
Lösung 12: a.
Lösung 13: d.
Lösung 14: c.
Lösung 15: d.
Lösung 16: d.
Lösung 17: b.
Lösung 18: c.
Lösung 19: a.
Lösung 20: c.

21. Was darf im Käfig nicht fehlen?

a) Spielzeug
b) Klettergerüst
c) Seile mit Glöckchen
d) Haus

22. Wie viele Öffnungen sollte ein Meerschweinchenhaus mindestens haben?

a) 1
b) 2
c) 5
d) 4

23. Welchen Durchmesser müssen Fenster im Haus mindestens haben?

a) 4 cm
b) 8 cm
c) 12 cm
d) 10 cm

24. Wie oft brauchen langhaarige Meerschweinchen Fellpflege?

a) mindestens einmal pro Woche
b) einmal im Monat
c) nie, die Tiere kümmern sich selbst
d) zweimal im Monat

25. Wie häufig sollten Meerschweinchen gebadet werden?

a) einmal pro Woche
b) einmal im Monat
c) nur bei Verschmutzung
d) nie

26. Welches Shampoo sollte beim Baden verwendet werden?

a) mildes Shampoo für Menschen
b) Kräutershampoo
c) Tier-Shampoo
d) normales Shampoo ohne Silikone

27. Wie häufig müssen die Krallen kontrolliert werden?

a) nie
b) einmal pro Woche
c) einmal im Monat
d) zweimal im Monat

28. Was sind "Korkenzieherkrallen".

a) Krallen einer bestimmten Art von Meerschweinchen
b) scharfe kurze Krallen
c) scharfe lange Krallen
d) viel zu lange Krallen, die sich bereits eingedreht haben

29. Welches Instrument verwendet man zur Kürzung der Krallen?

a) Zange aus dem Baumarkt
b) Eiszange
c) Krallenzange für Katzen und Nager
d) Seitenschneider

30. Was wächst bei übergewichtigen Meerschweinchen am hinteren Ballen?

a) Schutzhaut
b) Hornhaut
c) dickes Fell
d) Wolfskralle

Lösung 21: c.
Lösung 22: b.
Lösung 23: c.
Lösung 24: a.
Lösung 25: c.
Lösung 26: c.
Lösung 27: b.
Lösung 28: d.
Lösung 29: c.
Lösung 30: b.

31. Wie oft sollte die Heuraufe gelehrt werden.

a) täglich
b) alle zwei Tage
c) einmal pro Woche
d) einmal in 14 Tagen

32. Warum ist Nahrung mit hohem Rohfaseranteil notwendig?

a) weil es natürlich ist
b) damit die Verdauung gut funktioniert
c) weil es den Tieren schmeckt
d) weil das gut für das Fell ist

33. Wie lange wachsen die Zähne von Meerschweinchen?

a) bis zum dritten Lebensjahr
b) bis zum achten Monat
c) bis zum zweiten Lebensjahr
d) das ganze Leben lang

34. Wodurch nutzen sich die Zähne am besten ab?

a) durch das Fressen von Trockenfutter
b) durch das Fressen von Heu und trockenen Kräutern
c) durch das Fressen von hartem Brot
d) durch das Fressen von Möhren

35. Was sind die Bestandteile von Heu?

a) Trockenblumen und -blüten
b) trockenes Stroh und trockener Löwenzahn
c) getrocknete Gräser und Kräuter
d) trockener Klee

36. Wie musst Du Heu lagern, damit es nicht schimmelt?

a) hell und kühl
b) warm und trocken
c) dunkel und trocken
d) warm und hell

37. Welches Gemüse vertragen Meerschweinchen nicht?

a) Tomaten
b) Blumenkohl
c) Bohnen
d) Gurken

38. Welches Gemüse vertragen Meerschweinchen nicht?

a) Avocado
b) Blumenkohl
c) Zuckerrüben
d) Rotkohl

39. Welches Gemüse vertragen Meerschweinchen nicht?

a) Ruccula
b) Rosenkohl
c) Spitzkohl
d) Rhabarber

40. Welches Gemüse vertragen Meerschweinchen nicht?

a) Kopfsalat
b) Kartoffeln
c) Kohlrabi
d) Eisbergsalat

Lösung 31: a.
Lösung 32: b.
Lösung 33: d.
Lösung 34: b.
Lösung 35: c.
Lösung 36: c.
Lösung 37: c.
Lösung 38: a.
Lösung 39: d.
Lösung 40: b.

41. Welches Gemüse vertragen Meerschweinchen nicht?

a) Zucchini
b) Porree
c) Topinampur
d) Süßkartoffel

42. Welches Gemüse vertragen Meerschweinchen nicht?

a) Artischoken
b) Blattspinat
c) Schnittlauch

d) Chinakohl

43. Welches Gemüse vertragen Meerschweinchen nicht?

a) Zwiebeln
b) Eisbergsalat
c) Endiviensalat
d) Fenchel

44. Welches Futter taugt nicht als Alleinfutter?

a) Heu
b) Stroh
c) Trockenfutterpellets
d) Grünfutter

45. Was bedeutet Zähneklappern?

a) Freude
b) Hunger
c) Angst
d) Drohung

46. Welche Tier kann zur Gesellschaft eines Meerschweinchens gehalten werden?

a) Kaninchen
b) Hamster
c) Meerschweinchen
d) Ratte

47. Welches ist die häufigste Erkrankung bei Meerschweinchen?

a) Darmerkrankung
b) Hauterkrankung
c) Zahnkrankheiten
d) Gelenkkrankheiten

48. Ab welcher dauerhaften Nachttemperatur darf mein Meerschweinchen ins Außengehege?

a) 5 Grad
b) 8 Grad
c) 0 Grad
d) 10 Grad

49. Was gehört nicht auf den Speiseplan?

a) getreidehaltige Nahrungsmittel
b) Kräuter
c) Gräser
d) Vitamin C-reiche Pflanzen

50. Ein idealer Standort für ein Außengehege ist...?

a) ...ein Platz ohne Sichtkontakt zum Haus
b) ...ein sonniger Platz
c) ...ein schattiger Platz
d) ...ein feuchter Platz

Lösung 41: b.
Lösung 42: c.
Lösung 43: a.
Lösung 44: c.
Lösung 45: d.
Lösung 46: c.
Lösung 47: c.
Lösung 48: d.
Lösung 49: a.
Lösung 50: c.

51. Ab welchem Alter sind Kinder als Meerschweinchenhalter geeignet?

a) ab 9. Klasse
b) ab 1. Klasse
c) ab 5. Klasse
d) ab 4. Klasse

52. Wie oft häufig können Leckerlis gereicht werden?

a) maximal zweimal pro Monat
b) maximal einmal pro Monat
c) maximal zweimal pro Woche
d) maximal einmal pro Woche

53. Warum sind Steinobstsorten wie Kirschen und Pflaumen nicht als Futter geeignet.

a) wegen der Steine im Obst
b) sie enthalten Kieselsäure
c) sie enthalten Blausäure
d) sie enthalten Kohlensäure

54. Warum ist Rhabarber nicht als Futter geeignet.

a) Rhabarber enthält Oxalsäure
b) Rhabarber enthält Blausäure
c) Rhabarber enthält Salzsäure
d) Rhabarber enthält Kieselsäure

55. Von welchen Meerschweinchen stammen unsere Hausmeerschweinchen ab.

a) vom Dahdi-Meerschweinchen
b) vom Tschadi-Meerschweinchen
c) vom Duhdi-Meerschweinchen
d) vom Tschudi-Meerschweinchen

56. Was sind "Teddy-Meerschweinchen"?

a) Kurzhaar-Meerschweinchen
b) Langhaar-Meerschweinchen
c) Rosetten-Meerschweinchen
d) Rex-Meerschweinchen

57. Woher stammen Teddy-Meerschweinchen?

a) Südamerika
b) Nordamerika
c) Asien
d) Australien

58. Welches Merkmal kommt nur bei Teddy-Meerschweinchen vor?

a) spitze Ohren
b) lange Bauchbehaarung
c) platte Nase
d) nach oben gerichtete Schnauze

59. Was ist die Besonderheit beim Schweizer Teddy-Meerschweinchen?

a) Fellwechsel
b) rauhe Fellstruktur
c) Wirbel im Fell
d) große Ohren

60. Wofür sind Rosetten-Meerschweinchen bekannt?

a) Fellwechsel im Frühjahr
b) feine Fellstruktur
c) gekrümmtes Langhaar
d) flauschig-dickes Wirbelhaar

Lösung 51: b.
Lösung 52: c.
Lösung 53: c.
Lösung 54: a.
Lösung 55: d.
Lösung 56: a.
Lösung 57: b.
Lösung 58: d.
Lösung 59: a.
Lösung 60: d.

61. Welche Meerschweinchen zählt zu den bekanntesten Vertretern der langhaarigen Meerschweinchenarten?

a) Lunkarya-Meerschweinchen
b) Peruaner-Meerschweinchen
c) Angora-Meerschweinchen
d) Alpaka-Meerschweinchen

62. Welche Menge Einstreu ist pro Quadratmeter einzustreuender Fläche im Monat erforderlich?

a) 50 Liter
b) 150 Liter
c) 30 Liter
d) 100 Liter

63. Was kostet eine Kastration beim Tierarzt?

a) 30-80 Euro
b) 20-60 Euro
c) 10-40 Euro
d) 40-90 Euro

64. Welche Gefahr droht bei Verwendung von Zubehör aus Plastik?

a) Verletzungsgefahr durch Einklemmen
b) Verletzungsgefahr wegen Rutschgefahr auf glatten Oberflächen
c) Vergiftungsgefahr durch Dämpfe
d) Verletzungs- und Verschluckungsgefahr durch Annagen

65. Welche Gefahr droht bei Freilauf in der Wohnung?

a) Tiere knabbern Elektrokabel an
b) Tiere knabbern Hosenbeine an
c) Tiere knabbern Gardinen an
d) Tiere knabbern Teppichboden an

66. Welche Bedeutung hat das Quieken?

a) Wohlfühllaut
b) Angstlaut
c) Imonierlaut
d) Bettellaut

67. Welche Bedeutung hat leises Pfeifen?

a) Junges ruft nach Mutter
b) Junges ruft nach Futter
c) Junges ruft nach Vater
d) Junges ruft nach Wasser

68. Welche Bedeutung hat Lautes Quietschen und Schreien?

a) Aufruf zur Paarung
b) Hunger oder Durst
c) Freude oder Angst
d) Missfallen oder Schmerzen

69. Welche Bedeutung hat das Klappern mit den Zähnen?

a) Aufruf zur Paarung
b) Warn - und Drohgebärde
c) Hunger
d) Angst

70. Welche Bedeutung hat das Erstarren?

a) Aufruf zur Paarung
b) Aufruf zum Streicheln
c) Ruhephase
d) Angst

Lösung 61: c.
Lösung 62: d.
Lösung 63: a.
Lösung 64: d.
Lösung 65: a.
Lösung 66: d
Lösung 67: a.
Lösung 68: d.
Lösung 69: b.
Lösung 70: d.

70. Welche Bedeutung hat das Popcornen?

a) Futteranforderung
b) Freude oder Ausgelassenheit
c) Aufruf zum Fressen
d) Angst oder Stress

71. Welche Bedeutung hat das Kopf nach oben werfen?

a) Mutter sieht nach Jungtier
b) Freudengebärde
c) Angstgebärde
d) Drohgebärde

72. Welche Bedeutung hat das Maul aufreißen?

a) Drohgebärde
b) Freudengebärde
c) Angstgebärde

d) Hunger

73. Welche Bedeutung hat das Po über den Boden reiben?

a) Verdauungsprobleme
b) Reviermarkierung
c) Befriedigung
d) Aufforderung zum Spielen

74. Welche Rasse ist die lockige Variante des Coronet-Meerschweinchens?

a) Merino
b) Lunkarya
c) Alpaka
d) Peruaner

75. Welche Rasse ist ein Sheltie mit Wirbel auf dem Kopf?

a) CH-Teddy
b) Texel
c) Coronet
d) US-Teddy

76. Die Haarlänge des CH-Teddys beträgt...?

a) 2 cm
b) 8 cm
c) 4 cm
d) 6 cm

77. Die Haarlänge des US-Teddys beträgt...?

a) 2 cm
b) 8 cm
c) 4 cm
d) 6 cm

78. Die Haarlänge des Crested Meerschweinchens beträgt...?

a) 3,5 cm
b) 5,5 cm
c) 6,5 cm
d) 2,5 cm

Lösung 70: b.
Lösung 71: d.
Lösung 72: a.
Lösung 73: b.
Lösung 74: a.
Lösung 75: c.
Lösung 76: d.
Lösung 77: a.
Lösung 78: d.

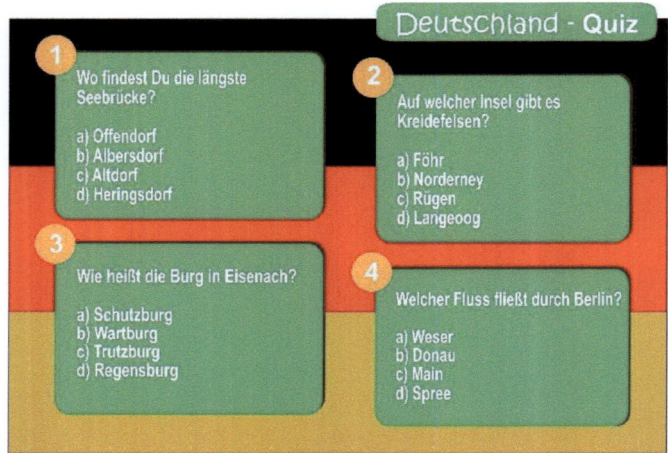

DEUTSCHLAND-QUIZ

1. Wie viele Bundesländer gibt es in Deutschland?

a) 12
b) 14
c) 18
d) 16

2. Welches ist flächenmäßig das größte Bundesland?

a) Bremen
b) Rheinland-Pfalz
c) Bayern
d) Nordrhein-Westfalen

3. Welches ist flächenmäßig das kleineste Bundesland?

a) Hamburg
b) Berlin
c) Saarland
d) Bremen

4. Welches Bundesland hat die meisten Einwohner?

a) Bayern
b) Hessen
c) Nordrhein-Westfalen
d) Sachsen

5. Welches Bundesland hat die wenigsten Einwohner?

a) Bremen
b) Saarland
c) Berlin
d) Sachsen-Anhalt

6. Welches ist der längste Fluss Deutschlands?

a) Weser
b) Spree
c) Rhein
d) Main

7. Wie heißt der höchste Berg in Deutschland?

a) Brocken
b) Taunus
c) Watzmann
d) Zugspitze

8. Wie heißt die Hauptstadt Deutschlands?

a) Frankfurt am Main
b) Berlin
c) Bonn
d) Hamburg

9. Wie viele Stadtstaaten gibt es in Deutschland?

a) 5
b) 4
c) 7
d) 3

10. Welches ist ein Stadtstaat?

a) Hannover
b) Hamburg
c) Salzgitter
d) München

Lösung 1: d.
Lösung 2: c.
Lösung 3: d.
Lösung 4: c.
Lösung 5: a.
Lösung 6: c.
Lösung 7: d.
Lösung 8: b.
Lösung 9: d.
Lösung 10: b.

11. Welches ist ein Stadtstaat?

a) Köln
b) Düsseldorf
c) Münster
d) Bremen

12. Welches ist ein Stadtstaat?

a) Berlin
b) Bonn
c) Leipzig
d) Dresden

13. Welcher Fluss fließt durch Berlin?

a) Weser
b) Donau

c) Main
d) Spree

14. Wie viele Ministerien gibt es in der Bundesregierung?

a) 15
b) 14
c) 13
d) 12

15. Wer führt die Bundesregierung an?

a) Bundespräsident
b) Bundeskanzler
c) Bundesminister
d) Bundestag

16. Welches ist das nördlichste Bundesland?

a) Niedersachsen
b) Bremen
c) Hamburg
d) Schleswig-Holstein

17. Welches ist das südlichste Bundesland?

a) Saarland
b) Rheinland-Pfalz
c) Bayern
d) Baden-Württemberg

18. In welcher Stadt steht das Holstentor?

a) Lübeck
b) Kiel
c) Hamburg
d) Lüneburg

19. Auf welchen früherem Geldschein war das Holstentor abgebildet?

a) 10 DM
b) 20 DM
c) 5 DM
d) 50 DM

20. In welcher Stadt steht die Frauenkirche?

a) Berlin
b) Stuttgart
c) Dresden
d) Leipzig

Lösung 11: d.
Lösung 12: a.
Lösung 13: d.
Lösung 14: a.
Lösung 15: b.
Lösung 16: d.
Lösung 17: c.
Lösung 18: a.

Lösung 19: d.
Lösung 20: c.

21. In welcher Stadt steht das Brandenburger Tor?

a) Düsseldorf
b) Berlin
c) Brandenburg
d) München

22. Wie heißt das Rathaus in Frankfurt am Main?

a) Holländer
b) Belgier
c) Römer
d) Gallier

23. In welcher Stadt befindet sich der Marienplatz?

a) München
b) Saarbrücken
c) Gießen
d) Kassel

24. In welcher Stadt steht die Kaiserburg?

a) Bayreuth
b) Hof
c) Magdeburg
d) Nürnberg

25. In welcher Stadt steht das Schloss Sanssouci?

a) Berlin
b) Potsdam
c) Hamburg
d) Hannover

26. Welches ist die höchste Kirche der Welt?

a) Kölner Dom
b) Basilika Notre-Dame de la Paix
c) Ulmer Münster
d) Gedächtniskirche

27. In welchem See liegt die Blumeninsel Mainau?

a) Steinhuder Meer
b) Bodensee
c) Wannsee
d) Chiemsee

28. Welches ist der tiefste See in Deutschland?

a) Ammersee
b) Starnberger See
c) Walchensee
d) Bodensee

29. Wie tief ist der Bodensee?
a) 190 m

b) 128 m
c) 251 m
d) 81 m

30. Wie tief ist die Ostsee an ihrer tiefsten Stelle?

a) 52 m
b) 99 m
c) 459 m
d) 234 m

Lösung 21: b.
Lösung 22: c.
Lösung 23: a.
Lösung 24: d.
Lösung 25: b.
Lösung 26: c.
Lösung 27: b.
Lösung 28: d.
Lösung 29: c.
Lösung 30: c.

31. In welcher Stadt findet alljährlich das originale Oktoberfest statt?

a) Köln
b) Gelsenkirchen
c) Dortmund

d) München

32. Wie heißt Deutschlands einzige Hochseeinsel?

a) Amrum
b) Sylt
c) Wangerooge
d) Helgoland

33. Wie hoch ist der Brocken im Harz?

a) 1234 m
b) 1141 m
c) 4567 m
d) 1090 m

34. In welcher Stadt steht der Reichstag?

a) Nürnberg
b) Berlin
c) Bayreuth
d) Trier

35. Welche ist die einzige deutsche Stadt mit einer echten Skyline?

a) Frankfurt a.M.
b) Frankfurt/Oder
c) Potsdam

d) Essen

36. Wo findest Du den Donaudurchbruch?

a) Hoffenheim
b) Mannheim
c) Kelheim
d) Sinsheim

37. An welchem Fluss steht die Lorelei?

a) Main
b) Rhein
c) Mosel
d) Elbe

38. Wie heißt die größte Nordseeinsel?

a) Amrum
b) Fehmarn
c) Borkum
d) Sylt

39. In welchem Bundesland liegt der Spreewald?

a) Bayern
b) Brandenburg
c) Sachsen
d) Niedersachsen

40. In welcher Stadt steht das Völkerschlachtdenkmal?

a) Dresden
b) Leipzig
c) Halle
d) Erfurt

Lösung 31: d.
Lösung 32: d.
Lösung 33: b.
Lösung 34: b.
Lösung 35: a.
Lösung 36: c.
Lösung 37: b.
Lösung 38: d.
Lösung 39: b.
Lösung 40: b.

41. Wo findest Du die längste Seebrücke?

a) Offendorf
b) Albersdorf
c) Altdorf
d) Heringsdorf

42. Auf welcher Insel gibt es Kreidefelsen?

a) Föhr
b) Norderney
c) Rügen
d) Langeoog

43. Wie heißt die Burg in Eisenach?

a) Schutzburg
b) Wartburg
c) Trutzburg
d) Regensburg

44. Wie heißt die bekannte Attraktion in Günzburg?

a) Phantasialand
b) Helgoland
c) Legoland
d) Movieland

45. Wie heißt die größte erhaltene romanische Kirche der Welt?

a) Kaiserdom in Speyer
b) Kaiserdom in Füssen
c) Kaiserdom in Detmold
d) Kaiserdom in Bielefeld

46. Wie heißt das Wahrzeichen von Kassel?

a) Lichas
b) Homer
c) Odysseus
d) Herkules

47. Wieviele Einwohner hat Deutschland?

a) 81 Millionen
b) 83 Millionen
c) 85 Millionen
d) 87 Millionen

49. Wann wurde die Bundesrepublik Deutschland gegründet?

a) 1945
b) 1946
c) 1952
d) 1949

50. Wie lang ist die Küste Deutschlands?

a) 2389 km
b) 2122 km
c) 1090 km
d) 3897 km

Lösung 41: d.
Lösung 42: c.

Lösung 43: b.
Lösung 44: c.
Lösung 45: a.
Lösung 46: d.
Lösung 47: b.
Lösung 48: d.
Lösung 50: a.

61. In welcher Stadt wurde Johann Wolfgang von Goethe geboren?

a) Erfurt
b) Weimar
c) Frankfurt an der Oder
d) Frankfurt am Main

62. Wie heißt das bekannteste Werk Goethes?

a) Hand
b) Fuß
c) Arm
d) Faust

63. Wie heißt die Landeshauptstadt von Nordrhein-Westfalen?

a) Düsseldorf
b) Köln
c) Essen
d) Dortmund

64. Wie heißt die Landeshauptstadt von Hessen?

a) Gießen
b) Frankfurt
c) Wiesbaden
d) Marburg

65. Wie heißt die Landeshauptstadt von Niedersachsen?

a) Braunschweig
b) Lüneburg
c) Hannover
d) Göttingen

66. Wie heißt die Landeshauptstadt von Schleswig-Holstein?

a) Lübeck
b) Kiel
c) Heide
d) Flensburg

67. Wie heißt die Landeshauptstadt von Bayern?

a) Regen
b) Passau
c) Nürnberg
d) München

68. Wie heißt die Landeshauptstadt von Baden-Württemberg?

a) Konstanz
b) Stuttgart
c) Aalen
d) Kirchheim

69. Wie heißt die Landeshauptstadt vom Saarland?

a) Saarbrücken
b) Saarlouis
c) Saarpfalz
d) Neunkirchen

70. Wie heißt die Landeshauptstadt von Sachsen?

a) Görlitz
b) Plauen
c) Dresden
d) Hoyerswerda

Lösung 61: c.
Lösung 62: d.
Lösung 63: a.
Lösung 64: c.
Lösung 65: c.
Lösung 66: b.
Lösung 67: d.
Lösung 68: b.

Lösung 69: a.
Lösung 70: c.

71. Wie heißt die Landeshauptstadt von Sachsen-Anhalt?

a) Burg
b) Bismarck
c) Aschersleben
d) Magdeburg

72. Wie heißt die Landeshauptstadt von Brandenburg?

a) Brandenburg
b) Havelberg
c) Nauen
d) Potsdam

73. Wie heißt die Landeshauptstadt von Mecklenburg-Vorpommern?

a) Rostock
b) Schwerin
c) Kühlungsborn
d) Anklam

74. Wie viele Landkreise gibt es in Deutschland?

a) 423
b) 342
c) 555
d) 294

75. Wie viele kreisfreie Städte gibt es in Deutschland?

a) 107
b) 207
c) 307
d) 407

76. Wie viele Gemeinden gibt es in Deutschland?

a) 13799
b) 12799
c) 11799
d) 10799

77. Wie viele Einwohner hat die kleinste Gemeinde in Deutschland?

a) 12
b) 9
c) 8
d) 7

78. Wie viele Menschen leben pro Quadratkilometer in Deutschland?

a) 233
b) 333
c) 433
d) 533

79. Wieviel Fläche hat Deutschland?

a) 356581 Quadratkilometer
b) 359581 Quadratkilometer
c) 358581 Quadratkilometer
d) 357581 Quadratkilometer

80. Wie viele Bezirke hat Berlin?

a) 15
b) 12
c) 13
d) 14

Lösung 71: d.
Lösung 72: d.
Lösung 73: b.
Lösung 74: d.
Lösung 75: a.
Lösung 76: d.
Lösung 77: d.
Lösung 78: a.
Lösung 79: d.
Lösung 80: b.

81. Wie heißt ein berühmter deutscher Komponist mit Nachnamen?

a) Teich

b) Fluss
c) Bach
d) Strom

82. Wie heißt ein berühmter deutscher Komponist mit Nachnamen?

a) Berghooven
b) Feldhooven
c) Ackerhooven
d) Beethoven

83. Wie heißt ein berühmter deutscher Komponist mit Nachnamen?

a) von Weber
b) von Schneider
c) von Stricker
d) von Knüpfer

84. Wie heißt ein berühmter deutscher Komponist mit Nachnamen?

a) Tiefe
b) Hefe
c) Neefe
d) Liefe

85. Wie heißt ein berühmter deutscher Maler mit Nachnamen?

a) Türer
b) Dürer
c) Führer
d) Mührer

86. Wie heißt ein berühmter deutscher Maler mit Nachnamen?

a) Ernst
b) Spaß
c) Trauer
d) Kummer

87. Wie heißt ein berühmter deutscher Maler mit Nachnamen?

a) Fichte
b) Kiefer
c) Tanne
d) Lärche

88. Wie heißt ein berühmter deutscher Maler mit Nachnamen?

a) Fix
b) Dix
c) Fax
d) Dax

89. Wie heißt ein berühmter deutscher Maler mit Nachnamen?

a) Klee
b) Gras
c) Distel
d) Nessel

90. Wer kontrolliert die Bundesregierung?

a) Bundespräsident
b) Bundestagspräsident
c) Bundesrat
d) Bundestag

Lösung 81: c.
Lösung 82: d.
Lösung 83: a.
Lösung 84: c.
Lösung 85: b.
Lösung 86: a.
Lösung 87: b.
Lösung 88: b.
Lösung 89: a.
Lösung 90: d.

91. An welches andere Land grenzt Schleswig-Holstein?

a) Schweden
b) Dänemark
c) Polen

d) Norwegen

92. An welches andere Land grenzt Brandenburg?

a) Dänemark
b) Tschechien
c) Polen
d) Niederlande

93. An welches andere Land grenzt das Saarland?

a) Schweiz
b) Niederlande
c) Belgien
d) Frankreich

94. An welches andere Land grenzt das Saarland?

a) Luxemburg
b) Belgien
c) Österreich
d) Schweiz

95. An welches andere Land grenzt Baden-Württemberg?

a) Schweiz
b) Belgien
c) Frankreich
d) Italien

96. An welches andere Land grenzt Niedersachsen?

a) Frankreich
b) Niederlande
c) Italien
d) Östereich

97. An welches andere Land grenzt Nordrhein-Westfalen?

a) Schweiz
b) Belgien
c) Frankreich
d) Italien

98. An welches andere Land grenzt Nordrhein-Westfalen?

a) Frankreich
b) Dänemark
c) Niederlande
d) Schweiz

99. An welches andere Land grenzt Bayern?

a) Italien
b) Östereich
c) Frankreich
d) Niederlande

100. An welches andere Land grenzt Bayern?

a) Italien
b) Belgien
c) Frankreich
d) Tschechien

Lösung 91: b.
Lösung 92: c.
Lösung 93: d.
Lösung 94: a.
Lösung 95: c.
Lösung 96: b.
Lösung 97: b.
Lösung 98: c.
Lösung 99: b.
Lösung 100: d.

REDEWENDUNGEN-QUIZ

1. Was heißt "das ist das A und O?"

a. Das ist das Größte
b. Das ist alles
c. Das ist das Wesentliche
d. Das ist mehr, als es sein sollte

2. Was heißt "Wer A sagt, muss auch B sagen"?

a. Folgen Deines Handelns musst Du ertragen
b. Was man anfängt, kann auch schief gehen
c. Was man will, soll man auch erhalten
d. Was man angefangen hat, muss man auch fortführen

3. Was heißt "von A bis Z"?

a. in allen Einzelheiten.
b. voll und ganz
c. vom Anfang bis zum Ende
d. ganz genau

4. Was heißt "kein Aas"?

a. nichts schlechtes
b. keine bösen Menschen
c. kaum jemand
d. niemand

5. Was heißt "ein Ass"?

a. ein guter Kartenspieler
b. keiner wie er
c. einer der Besten
d. einer, der sich etwas auskennt

6. Was heißt "ab und an"?

a. vor und zurück
b. immer öfter
c. oft
d. manchmal

7. Was heißt "ab dafür"?

a. von Zeit zu Zeit
b. immer wieder
c. jetzt kann es losgehen
d. nie mehr

8. Was heißt "Abbitte leisten"?

a. verzeihen
b. gemeinsam beten
c. verlieren
d. beklagen

9. Was heißt "einen Abflug machen"?

a. losfliegen
b. abheben
c. verschwinden
d. beschleunigen

10. Was heißt "einen Abgang machen"?

a. nach hinten gehen
b. zur Seite gehen
c. nach vorne gehen
d. verschwinden

Lösung 1: c.
Lösung 2: d.
Lösung 3: c.
Lösung 4: d.
Lösung 5: c.
Lösung 6: d.
Lösung 7: c.
Lösung 8: a.
Lösung 9: c.
Lösung 10: d.

11. Was heißt "abgehen wie ein Zäpfchen"?

a. abheben
b. schnell voran kommen
c. schnell verschwinden

d. schnell im Dunkeln verschwinden

12. Was heißt "abhold sein"?

a. negativ eingestellt sein
b. positiv eingestellt sein
c. keine Meinung haben
d. sehr gute Meinung haben

13. Was bedeutet "Dampf ablassen"?

a. Freude zeigen
b. Meinung äußern
c. Ärger in sich hineinfressen
d. Wut abreagieren

14. Was bedeutet "Ohr abquatschen"?

a. zu viel reden
b. zu wenig zuhören
c. übertreiben
d. zu wenig reden

15. Was bedeutet "sicher wie in Abrahams Schoß sein"?

a. sichere Umgebung
b. sicher verschlossen sein
c. sich zu Männern hingezogen fühlen
d. sicher und geborgen sein

16. Was bedeutet "etwas in Abrede stellen"?

a. etwas versichern
b. etwas besprechen
c. etwas abstreiten
d. etwas diskutieren

17. Was bedeutet "auf dem Absatz kehrtmachen"?

a. den Schuh kontrollieren
b. spontan umkehren
c. etwas auffegen
d. sofort weitergehen

18. Was bedeutet "jemanden den Kopf abreissen"?

a. jemanden betrügen
b. sich von jemanden trennen
c. jemanden beobachten
d. jemanden ausschimpfen

19. Was bedeutet "zum Schießen aussehen"?

a. komisch aussehen
b. gut aussehen
c. schlecht aussehen
d. gut angezogen

20. Was bedeutet "den Rahm abschöpfen"?

a. das Schlechte mitnehmen
b. die Süßigkeit mitnehmen
c. den Überschuss mitnehmen
d. das Beste mitnehmen

Lösung 11: b.
Lösung 12: a.
Lösung 13: d.
Lösung 14: a.
Lösung 15: d.
Lösung 16: c.
Lösung 17: b.
Lösung 18: d.
Lösung 19: a.
Lösung 20: d.

21. Was bedeutet "auf der Abschussliste stehen"?

a. bald zum Schuss kommen
b. bald entlassen oder beseitigt zu werden
c. bald an der Reihe zu sein
d. Verfasser der Liste zu sein

22. Was bedeutet "hier spielt sich nichts ab"?

a. hier ist nichts los

b. das kann nicht sein
c. lieber etwas ernst nehmen
d. daraus wird nichts

23. Was bedeutet "abwarten und Tee trinken"?

a. Pause im Café machen
b. erst einmal abwarten
c. lieber nichts unternehmen
d. Tee trinken und auf Heilung warten

24. Was bedeutet "in einem Abwasch"?

a. ein Abwasch
b. einmal pro Woche abwaschen
c. alles Geschirr auf einmal reinigen
d. mehrere Dinge zugleich erledigen

25. Was bedeutet "durch Abwesenheit glänzen"?

a. durch Abwesenheit positiv auffallen
b. durch Abwesenheit punkten
c. durch Abwesenheit negativ auffallen
d. durch Abwesenheit Chancen bekommen

26. Was bedeutet "bis zum Abwinken"?

a. in großer Menge
b. bis zum Abschied
c. bis zum Umfallen

d. bis demnächst

27. Was bedeutet "mit Ach und Krach"?

a. laut klagen
b. gerade wehklagen
c. laut stöhnen
d. gerade so

28. Was bedeutet "auf Achse sein"?

a. ruhig bleiben
b. im Auto sitzen
c. unterwegs sein
d. eine Reise planen

29. Was bedeutet "mit den Achseln zucken"?

a. etwas nicht wissen
b. etwas nicht mögen
c. etwas zu sagen haben
d. etwas wissen wollen

30. Was bedeutet "etwas außer Acht lassen"?

a. etwas nicht bemerken
b. etwas vergessen haben
c. etwas ausschließen
d. etwas nicht beachten

Lösung 21: b.
Lösung 22: d.
Lösung 23: b
Lösung 24: d.
Lösung 25: c.
Lösung 26: a.
Lösung 27: d.
Lösung 28: c.
Lösung 29: a.
Lösung 30: d.

KNEIPENQUIZ

1. Wie heißt der Zweiliterkrug in Österreich, der in Deutschland als ´Stiefel` bezeichnet wird?

a) Madl.
b) Gretl.
c) Liesl.
d) Hasl.

Lösung: 1c.

2. Wo wurde das älteste Bier auf deutschem Boden gefunden?

a) Alzey.
b) Krombach.
c) Erding.
d) Jever.

Lösung: 2a.

3. Die herkömmlichen Eichenfässer mussten nach jeder dritten oder vierten Füllung neu…?

a) …gebeizt werden.
b) …gespannt werden.
c) …geschliffen werden.
d) …gepicht werden.

Lösung: 1d.

4. ´Lüttje Lage` ist eine Spezialität aus...?

a) ...Hannover.
b) ...Hamburg.
c) ...Saarbrücken.
d) ...Frankfurt am Main.

Lösung: 4a.

5. Die Blume auf einem frisch gezapften Bier wird auch...?

a) ...Blüte genannt.
b) ...Schäumchen genannt.
c) ...Mütze genannt.
d) ...Kappe genannt.

Lösung: 5d.

6. Dosenbier ist eine...?

a) ...amerikanische Erfindung.
b) ...deutsche Erfindung.
c) ...britische Erfindung.
d) ...australische Erfindung.

Lösung: 6a.

7. Beende den folgenden bekannten Ausspruch: ´Bier macht keine...?

a) ...dunklen Flecken.`
b) ...Flecken.`
c) ...Rotweinflecken.`
d) ...Weißweinflecken.`

Lösung: 7c.

8. Die Hopfenernte erfolgt...?

a) ...Ende Juli bis Anfang August.
b) ...Ende August bis Anfang September.
c) ...Ende Juni bis Anfang Juli.
d) ...Ende Mai bis Anfang Juni.

Lösung: 8b.

9. Bier ist ein Getränk, das durch...?

a) ...Kondensierung gewonnen wird.
b) ...Sieden gewonnen wird.
c) ...Gärung gewonnen wird.
d) ...Destillierung gewonnen wird.

Lösung: 9c.

10. 007 James Bond trinkt...?

a) ...Heineken Bier.
b) ...Becks Bier.
c) ...Erdinger Weißbier.
d) ...Paulaner Bier.

Lösung: 10a.

11. Was war das beliebteste Bier Deutschlands im Jahr 2020?

a) ...Krombacher.
b) ...Warsteiner.
c) ...Hasseröder.
d) ...Becks.

Lösung: 11d.

12. Wie viele verschiedene Biersorten gibt es in Deutschland?

a) 9083.
b) 8058.
c) 7650.
d) 4562.

Lösung: 12b.

13. Weniger Kalorien als Vollbier hat ...?

a) ...Rotwein.
b) ...Weißwein.
c) ...Kräuterlikör.
d) ...Tee.

Lösung: 13d.

14. Warum heißt es ´naturtrübes Bier`?

a) weil es nicht filtriert wird.
b) weil es unbehandelt ist.
c) weil es länger gelagert wird.
d) weil es in Holzfässern gelagert wird.

Lösung: 14a.

VOLKSLIEDER-RATEN: TITEL AM ENDE ERGÄNZEN

Tragen Sie einfach den Liedtext aus der linken Spalte vor: Das letzte Wort sollten Ihre TeilnehmerInnen leicht herausfinden.

A

Abend wird es...	wieder
Abendstille...	überall
Ach Elslein, liebes...	Elselein
Ach Mädchen, nur einen...	Blick
Ach Mod'r, ich well en...	Ding han
Ach, bittrer..	Winter
Ach, wie ist's möglich...	dann
Ade zur guten...	Nacht
À la claire...	fontaine
All' mein Gedanken, die...	ich hab
Alle Vögel sind schon...	da
Alleweil ka mer net lustig...	sein
Als die Römer frech...	geworden
Als wir jüngst in Regensburg...	waren
Am Brunnen vor dem...	Tore
An der Saale hellem...	Strande
An einem Sommer-... -	morgen
Ännchen von...	Tharau
Au clair de la...	lune
Auf, auf zum fröhlichen...	Jagen
Auf, auf, ihr...	Wandersleut'
Auf der Lüneburger...	Heide
Auf de schwäbsche...	Eisebahne
Auf, du junger Wanders-...	mann
Auf einem Baum ein...	Kuckuck

Aus grauer Städte... Mauern

B
Backe, backe... Kuchen
Bald gras ich am... Neckar
Begegnet mir mei... Diandl
Bei einem Wirte... wundermild
Bin ein fahrender... Gesell'
Bolle reiste jüngst zu... Pfingsten
Brüder, reicht die Hand zum... Bunde
Brüderlein... fein
Buama, heint geht's lustig... zua
Bunt sind schon die... Wälder

C
Cadet... Rousselle
Ça, ça,... geschmauset

D
Da drunten im... Tale
Danny... Boy
Das Lieben bringt groß'... Freud'
Das Lied von den... Vögelein
Das Schifflein schwingt sich dani... von Land
Das Wandern ist des Müllers... Lust
Dat du min Leevsten... büst
Der Frühling hat sich... eingestellt
Der Mai ist... gekommen
Der Mai, der... Mai
Der Mond ist... aufgegangen

Der Piet am...	Galgen
Der treue...	Husar
De Runner von...	Hamburg
Der Winter ist ein rechter...	Mann
Der Winter ist...	vergangen
Die Bauern von...	St. Pölten
Die Gamserl schwarz...	und braun
Die Gedanken sind...	frei
Die Sonne scheint nicht...	mehr
Die Vogel-...	-hochzeit
Dort jenes...	Brünnlein
Dort niedn in jenem...	Holze
Drei Chinesen mit dem...	Kontrabass
Drum san ma...	Landsleit
Drunten im...	Unterland
Drunten in der grünen...	Au
Du fragsch mi, wär i...	by
Du, du dalketer...	Jagersbua
Du, du liegst mir im...	Herzen
Dunkle...	Wolken
Durchs Wiesental gang...	i jetzt na

E

Early One...	Morning
Ei, Büble, wennst mi so gern...	häst
Ein freies Leben führen...	wir
Ein Heller und ein...	Batzen
Ein Jäger aus...	Kurpfalz
35	
Ein Jäger längs dem Weiher...	ging

Ein Loch ist im…	Eimer
Eine Seefahrt die ist…	lustig
Einer Seefahrt froh…	Gelingen
Erlaube mir, fein's…	Mädchen
Es blies ein Jäger wohl in sein…	Horn
Es Burebüebli mah-n-it…	nit
Es dunkelt schon in der…	Heide
Es fiel ein Reif in der Frühlings-…	nacht
Es freit' ein wilder…	Wassermann
Es geht eine dunkle Wolk…	herein
Es hatt ein Bauer ein schönes…	Weib
Es ist ein Schnee…	gefallen
Es ist ein…	Schnitter
Es kann ja nicht immer so…	bleiben
Es klappert die…	Mühle
Es klinget der…	Maien
Es regnet, es…	regnet
Es saß ein schneeweiß'…	Vögelein
Es steht ein Baum im…	Odenwald
Es steht ein' Lind' in jenem…	Tal
Es steht ein Wirtshaus an der…	Lahn
Es taget vor dem…	Walde
Es tönen die…	Lieder
Es war ein König in…	Thule
Es waren zwei…	Königskinder
Es wird scho glei…	dumpa
Es wollt' ein Jägerlein…	jagen
Es wollt' ein Mägdlein tanzen…	gehn
Es zogen drei…	Burschen

F

Fein sein, bei'nander…	bleibn
Feinsliebchen, du sollst mir nicht…	barfuß gehn
Fensterstock…	Hias
Frankie and…	Johnny
Frère…	Jacques
Freut euch des…	Lebens
Frisch auf ins freie…	Feld
Froh zu sein bedarf es…	wenig

G

Gaudeamus…	igitur
Geh aus, mein Herz, und suche…	Freud
Gestern bei Monden-…	-schein
Gold und Silber lieb' ich…	sehr
Grün, grün, grün sind alle meine…	Kleider
Grüß Gott, du schöner…	Maien
Guten Abend, gute…	Nacht
Guter Mond, du gehst so…	stille

H

Hab' mein' Wage…	vollgelade
Hab' mir mein' Weizen aufs…	Bergl g'sät
Hamborger…	Veermaster
Hänschen…	klein
Hänsel und Gretel verliefen sich…	im Wald
Heidschi…	Bumbeidschi
Heißa,…	Kathreinerle
Herbst…	ist da
Herr…	Hadubrand

Herrgott aus…	Sta
Herrn Pastor sein…	Kauh
Heute an…	Bord
Heute nur heute bin ich so…	schön
Hinaus in die…	Ferne
Hoch auf dem gelben…	Wagen
Hoch vom Dachstein…	an
Hohe Tannen weisen die…	Sterne
Horch, was kommt von draußen…	'rein
Heute hier morgen…	dort

I

I bin a…	Steirerbua
Ich bin die kleine…	Nienburgerin
Ich bin Soldat, doch bin ich es…	nicht gerne
Ich fahr'…	dahin
Ich gehe über Berg und…	Tal
Ich ging durch einen grasgrünen…	Wald
Ich ging emol…	spaziere
Ich hab die Nacht…	geträumet
Ich hatt' einen…	Kameraden
Ich schieß den Hirsch im wilden…	Forst
Ich tua…	wohl
Ich weiß nicht, was soll es…	bedeuten
Ihren Schäfer zu…	erwarten
Im Aargau sind zweu…	Liebi
Im Krug zum Grünen…	Kranze
Im Märzen der…	Bauer
Im Frühtau zu…	Berge
Im schönsten Wiesen-…	grunde

Im tiefen Keller sitz ich...	hier
Im Wald und auf der...	Heide
In einem kühlen...	Grunde
Innsbruck, ich muss dich...	lassen
It's a Long Way to...	Tipperary

J

Jan...	Hinnerk
Jetzt fängt das schöne Frühjahr...	an
Jetzt gang i ans...	Brünnele
Jetzt kommen die lustigen...	Tage
Jetzt kommt die fröhliche...	Sommerszeit
Jetzt kommt die...	Zeit

K

Kein Feuer, keine...	Kohle
Kein schöner Land in dieser...	Zeit
Klinge lieblich, klinge...	sacht
Kling, Glöckchen, klingelinge...	ling
Komm, lieber Mai, und...	mache
Kommt ein Vogel...	geflogen
Kommt, ihr...	G'spielen
Kumme, kum, Geselle...	min

L

Lang, lang ist's...	her
Lauterbacher...	Strumpflied
Leise rieselt der...	Schnee
Liebchen...	adé
Lied der Wolga-...	-schlepper

Lobet mir mein Schätzchen...	fein
Lueget, vo Berg und...	Tal
Lustig ist das Zigeuner-...	-leben

M

Mädle, ruck, ruck,...	ruck
Maienzeit bannet...	Leid
Maikäfer...	flieg
Mei Mutter mag mi...	net
Mein Hut, der hat drei...	Ecken
Mein Mädel hat einen...	Rosenmund
Mein Vater war ein Wanders-...	-mann
Mit dem Pfeil, dem...	Bogen
Molly...	Malone
Morgen muß ich fort von...	hier

N

Nach Süden nun sich...	lenken
Nun ade, du mein lieb...	Heimatland
Nun ruhen alle...	Wälder
Nun will der Lenz uns...	grüßen
Nun wollen wir singen das...	Abendlied

O

O alte Burschen-...	-herrlichkeit
O du lieber...	Augustin
O du liebs...	Ängeli
O Tannen-...	baum
O wie wohl ist mir am...	Abend

P

Prinz Eugen, der edle...	Ritter

R

Rennsteig-...	-lied
Rolling... Home	
Rosestock...	Holderblüh
Runduma-...	-dum

S

Sabinchen war ein Frauen-...	-zimmer
Sah ein Knab' ein Röslein...	stehn
Sarie...	Marais
Scarborough...	Fair
Schäfer, sag, wo tust du...	weiden
Schängel-...	-lied
Schlaf, Herzens-...	-söhnchen
Schön ist die...	Welt
Schwesterlein, Schwester-...	-lein
's isch äbe-n-e Mönsch uf...	Ärde
Solang der alte...	Peter
Stehn zwei Stern' am hohen...	Himmel
Stenka...	Rasin
Steiger-...	-lied
Stille Nacht, heilige...	Nacht
Sur le pont d'...	Avignon

T

The Barley...	Mow
The Girl I Left Behind...	Me
The Yellow Rose of...	Texas
Tumbalalai-...	-ka

U

Über die Heide geht mein...	Gedanken
Über meiner Heimat...	Frühling
Uf'm Berge bin i...	g'sässe
Und in dem Schnee-...	-gebirge
Und jetzt gang i an Peters...	Brünnele
Und jetzund kommt die Nacht...	herein
Und wer im Januar geboren...	ist
Und wieder blüht die...	Linde
Unser Leben gleicht der...	Reise

V

Verlassen, verlassen...	bin i
Verstohlen geht der Mond..	auf
Viel Freuden mit sich...	bringet
Von den blauen... Bergen	
Vo Luzärn uf Wäggis... zue	

W

Wabash...	Cannonball
Wach auf, mein's Herzen...	Schöne
Wahre Freundschaft soll...	nicht wanken
Waldes-...	-lust
Waltzing...	Matilda

Wånn i geh af die...	Pirsch
Was frag' ich viel nach...	Geld und Gut
Weiß mir ein schönes...	Röselein
Wem Gott will rechte Gunst...	erweisen
Wenn alle Brünnlein...	fließen
Wenn der Frühling...	kommt
Wenn der Topp aber nu...	e Loch hat
Wenn der Abend...	naht
Wenn der Auerhahn...	balzt
Wenn die Bettelleute...	tanzen
Wenn die bunten Fahnen...	wehen
Wenn ich ein Vöglein...	wär'
Wenn wir..	erklimmen
Wenn's Mailüfterl...	weht
Wer hat die Blumen nur...	erdacht
Wer recht in Freuden wandern...	will
Wia lusti is's im...	Winter
Wie komm' ich denn zur Tür...	herein
Wie lieblich...	schallt
Wie sind mir meine Stiefel...	geschwolln
Wiegende Wellen auf wogender...	See
Wilde Gesellen vom Sturmwind...	durchweht
Wildgänse rauschen durch...	die Nacht
Winter...	Ade
Wir lagen vor...	Madagaskar
Wir sind durch Deutschland...	gefahren
Wir tanzen im...	Maien
Wo die Nordsee-...	-wellen
Wo e klein's Hüttle...	steht
Wo mag denn nur mein...	Christian sein

Wohlan, die Zeit ist…	'kommen
Wohlauf in Gottes schöne…	Welt
Wohlauf, die Luft geht frisch…	und rein
Wohlauf, noch…	getrunken

1960ER SCHLAGER-RATEN: TITEL AM ENDE ERGÄNZEN

Trage einfach den Liedtext aus der linken Spalte vor: Das letzte Wort soll Dein Rätselpartner leicht herausfinden.

Aber dich gibt's nur einmal für…	mich
Adios…	Amigo
Aloha-…	oe
Am Strand von…	Mindanao
Am Strande von…	Havanna
Am Tag als der Regen…	kam
Am weißen Strand von…	Soerabaya
Anne-…	-liese
Anusch-…	-ka
Auf Cuba sind die Mädchen…	braun
Auf Wieder-…	-seh'n
Banjo-…	Boy
Blaue Nacht am…	Hafen
Cafe…	Oriental
Capri-…	Fischer
Caro-…	-lin
Cinderella…	Baby

Cindy, oh...	Cindy
Das alte...	Försterhaus
Das alte Haus von Rocky...	Docky
Das kannst du mir nicht...	verbieten
Das Mädchen...	Carina
Das war mein schönster...	Tanz
Der Legion-...	-är
Der weiße Mond von...	Maratonga
Die Gitarre und das...	Meer
Die Liebe ist ein seltsames...	Spiel
Du bist nicht...	allein
Du hast ja Tränen in den...	Augen
Eine Reise ins...	Glück
Eine blaue...	Zauberblume
Es hängt ein Pferdehalfter an...	der Wand
Florentinische...	Nächte
Frag den...	Abendwind
Frag nur dein...	Herz
Für Gaby tu ich...	alles
Ganz in...	weiß
Ganz Paris träumt von der...	Liebe
Gitarren klingen leise durch die...	Nacht
Goodnight, my...	love
Hafen...	Rock
Harle-...	-kin
Hast du alles ver-...	-gessen

Heimat deine…	Sterne
Heimat-…	-los
Heim-…	-weh
Heißer…	Sand
Heute male ich dein Bild…	Cindy Lou
Hinter den Kulissen von…	Paris
Ich bin ein…	Mann
Ich bin ein…	Wanderer
Ich möchte gern dein Herzklopfen…	hören
Ich wär so gern bei…	dir
Ich weiß, was dir…	fehlt
Ich will 'nen Cowboy als…	Mann
Ich zähle täglich meine…	Sorgen
Immer wieder geht die…	Sonne auf
Immer will ich treu dir…	sein
Itsy bitsy teenie…	wennie
Jim, Jonny und…	Jonas
Junge komm bald…	wieder
Kalkutta liegt am…	Ganges
Keep…	smiling
Küsse nie nach…	Mitternacht
La Le…	Lu
Lady Sunshine und Mister…	Moon
Liebeskummer lohnt sich…	nicht
Mach dich…	schön

Man müsste noch mal zwanzig...	sein
Mana-...	-koora
Marmor Stein und Eisen...	bricht
Mein Freund der...	Baum
Meine Liebe zu...	dir
Melancho-...	-lie
Merci...	Chérie
Mexica-...	-no
Mit 17 hat man noch...	Träume
Mit 66 Jahren, da fängt das Leben...	an
Monsieur...	Dupont
Moon-...	-light
Motor-...	-biene
Nur ein Bild von...	dir
O mein...	Papa
Ohne Krimi geht die Mimi nie ins...	Bett
Onkel Satchmo's ...	Lullaby
Pack die Badehose...	ein
Pariser...	Tango
Pi-...	-galle
Quando quando...	quando
Ra-...	-mona
Rocky...	Robby
Romeo und...	Julia
Rote Lippen soll man...	küssen
Rote Rosen, rote Lippen, roter...	Wein

Sag warum willst du von mir…	gehen
Santo…	Domingo
Schöner fremder…	Mann
Schütt' die Sorgen in ein Gläschen…	Wein
Schwarze Rose,…	Rosemarie
Seemann, deine Heimat ist das…	Meer
Sehn-…	-sucht
Shake…	hands
Siebentausend…	Rinder
Siebzehn Jahr blondes…	Haar
Solang die Sterne…	glüh'n
Spanisch war die…	Nacht
Speedy…	Gonzales
Spiel noch einmal für mich…	Habanero
Steig in das Traumboot der…	Liebe
Sugar…	Baby
Teddy-…	-bär
Tränen in deinen…	Augen
Tulpen aus…	Amsterdam
Unter fremden…	Sternen
Va…	bene
Vagabunden-…	-lied
Vaya con…	dios
Vom Stadtpark die…	Laternen
Weine nicht kleine…	Eva

Weiße Rosen aus...	Athen
Weißer...	Holunder
Wir können uns nur Briefe...	schreiben
Wo die Südsee...	rauscht
Wo meine Sonne...	scheint
Zucker-...	-puppe
Zwei kleine...	Italiener

1970ER SCHLAGER-RATEN: TITEL AM ENDE ERGÄNZEN

Tragen Sie einfach den Liedtext aus der linken Spalte vor: Das letzte Wort sollten Ihre TeilnehmerInnen leicht herausfinden.

Wenn die Sonne erwacht in den...	Bergen
Junger...	Tag
Deine Spuren im...	Sand
Es war einmal ein...	Jäger
Es fährt ein Zug nach...	Nirgendwo
One Way...	Wind
Fly Away Pretty...	Flamingo
Tür an Tür mit...	Alice
Im Wagen vor...	mir
Grüezi Wohl, Frau...	Stirnimaa
Blau blüht der...	Enzian
Viva...	Espana
Ich fange nie mehr was an einem...	Sonntag an
So schön kann doch kein Mann...	sein
Ti...	Amo

Ich bin verliebt in die…	Liebe
Oh, wann kommst…	du?
Er hat ein knallrotes…	Gummiboot
Zigeuner-…	-wagen
Zeit macht nur vor dem…	Teufel halt
Ich hab' die Liebe…	geseh'n
Morning…	Sky
So ein…	Mann
Schön ist es auf der Welt…	zu sein
Tanze Samba mit..	mir
Die Biene…	Maja
Alle Blumen brauchen…	Sonne
Ohne Moos nichts…	los
Take It Easy, altes…	Haus
Wir zwei fahren irgendwo…	hin
Das Lied von…	Manuel
60 Jahre und kein bisschen…	weise
Goodbye…	Mama
Theo, wir fahr'n nach…	Lodz
Hello…	-A
Goodbye My Love,…	Goodbye
Ich träume mit offenen Augen…	von dir
Herz aus…	Glas
Guten Morgen…	Sonnenschein
Mädchen mit roten…	Haaren
Ob es so oder so oder anders…	kommt
Diese Scheibe ist ein…	Hit!
Schmidtchen…	Schleicher
Das bisschen Haushalt… sagt…	mein Mann
Du, die Wanne ist…	voll

Meine kleine…	Welt
Der alte…	Wolf
Schön wie Mona…	Lisa
Lieder, die die Liebe…	schreibt
Du gehst…	fort
Nur Sieger steh'n im…	Licht
Das weiß der Himmel…	allein
Meine kleine…	Welt

TEEKESSELCHEN

1

Mein Teekesselchen ist der Anfang jeder Reise.

Manchmal ruckelt es bei meinem Teekesselchen.

Mein Teekesselchen findet in einem Fahrzeug statt.

Mein Teekesselchen ist eine Disziplin im Sport.

Bei meinem Teekesselchen geht es rasant zu.

Mein Teekesselchen ist Bewegung auf Brettern.

Lösung: **Abfahrt**. Beginn einer Reise, Disziplin im Alpin Ski.

2

Mein Teekesselchen kommt weg.

Mein Teekesselchen wird abgeholt.

Menschen, die mein Teekesselchen abholen, tragen orange Kleidung.

Mein Teekesselchen kommt plötzlich.

Mein Teekesselchen lässt mich frieren.

Mein Teekesselchen wird in Radio und TV im Wetterbericht angesagt.

Lösung: **Abfall**. Müll, Temperaturabfall.

3

Mein Teekesselchen ist
nicht nett.

Mein Teekesselchen sorgt
für großen Kummer.

Mein Teekesselchen will
keiner bekommen.

Mein Teekesselchen ist ganz
wichtig.

Mein Teekesselchen sorgt für
Sauberkeit.

Ohne mein Teekesselchen
würde es stinken.

Lösung: **Abfuhr**. Ablehnendes Verhalten, Müllabfuhr.

4

Mein Teekesselchen finden
alle doof.

Mein Teekesselchen kostet
Geld.

Mein Teekesselchen gibt
es in Stadt und Land.

Mein Teekesselchen finden
Sportfans gut.

Mein Teekesselchen kann dem
Gegner Punkte kosten.

Nach meinem Teekesselchen
kann es ein Tor geben.

Lösung: Abgabe, staatliche Einnahme, Zuspiel beim Fußball.

5

Mein Teekesselchen ist nicht echt.

Mein Teekesselchen ist minderwertig.

Mein Teekesselchen ist kein Original.

Mein Teekesselchen ist auf Papier.

Mein Teekesselchen ist nicht gedruckt.

Mit meinem Teekesselchen wird geprüft

Lösung: **Abklatsch**. minderwertige Nachahmung, reliefplastischer Abdruck nach einer vorhandenen Druckform.

6

Mein Teekesselchen drücke ich mit einer Zahl aus.

Mein Teekesselchen sehe ich auf einem Gerät.

Mein Teekesselchen wird in Kilogramm benannt.

Mein Teekesselchen kann sehr gut schwere Fehler verhindern.

Mein Teekesselchen sehe ich, wenn die Maschine steht.

Nach meinem Teekesselchen kann die Maschine starten.

Lösung: **Abnahme**. Gewichtsverlust, technische Abnahme.

7

Mein Teekesselchen bringt Klarheit.

Mein Teekesselchen besteht aus Zahlen.

Mein Teekesselchen kommt für die Heizung.

Mein Teekesselchen bringt sehr oft große Probleme.

Mein Teekesselchen ist vielleicht sogar verboten.

Mein Teekesselchen soll so etwas wie eine Rache sein.

Lösung: **Abrechnung**. Beleg über Einnahmen und Ausgaben, Rache.

8

Mein Teekesselchen kann ich in der Hand halten.

Mein Teekesselchen ist Teil meiner Eintrittskarte.

Mein Teekesselchen zeigt, dass sie verwendet wurde.

Mein Teekesselchen kann ich in der Stadt sehen.

Mein Teekesselchen kann ich hören. Es ist laut.

Mein Teekesselchen ist das absolute Ende eines Gebäudes.

Lösung: **Abriss**. Kontrollstück von Eintrittskarten, Zerstören eines Gebäudes.

9

Mein Teekesselchen gehört zur Kleidung.

Mein Teekesselchen ist meistens aus Kunststoff.

Mein Teekesselchen macht mich größer.

Mein Teekesselchen gehört in jeden Text.

Mein Teekesselchen produziert eine neue Zeile.

Mein Teekesselchen macht Text übersichtlicher.

Lösung: **Absatz**. Schuhabsatz, Textabsatz.

10

Mein Teekesselchen kann ich leicht zählen.

Mein Teekesselchen macht mich reicher.

Mein Teekesselchen ist nur ein Teil des Ganzen.

Mein Teekesselchen kann ich im Fernsehen sehen.

Mein Teekesselchen macht ein Sportler.

Bei meinem wird ein Ball aus der Hand gespielt.

Lösung: **Abschlag**. Abschlagszahlung, Abstoß des Torwarts aus der Hand.

11

Mein Teekesselchen kann ich essen.

Mein Teekesselchen ist lecker.

Mein Teekesselchen gibt es bei fast jedem Bäcker.

Mein Teekesselchen ist ein Mensch.

Mein Teekesselchen gibt es in einem Land.

Von meinem Teekesselchen gibt es 328 Millionen.

Lösung: **Amerikaner**. Gebäck, der Mensch aus Amerika.

12

Mein Teekesselchen hat viele Farben.

Mein Teekesselchen kann ich an Häusern sehen.

Im meinem Teekesselchen wachsen Pflanzen.

Mein Teekesselchen hat drei Farben.

Mein Teekesselchen kann ich auf der Straße sehen.

Mein Teekesselchen steht an den meisten Kreuzungen.

Lösung: **Ampel**. Blumenampel, Verkehrsregler.

13

Mein Teekesselchen macht ein größer.

Mein Teekesselchen ist aus Stein oder Holz.

Mein Teekesselchen stellen Maurer her.

Mein Teekesselchen findet im Freien statt.

Mein Teekesselchen macht Brot überhaupt möglich.

Mein Teekesselchen erledigen Bauern.

Lösung: **Anbau**. Anbau am Haus, Anbau von Getreide.

14

Mein Teekesselchen kann ich in einem Buch lesen.

Das Teekesselchen kann ich in der Kirche hören.

Mein Teekesselchen ist ein besonderes Wort aus der Bibel.

Mein Teekesselchen kann ich auf dem mp3-Player hören.

Mein Teekesselchen ist schon lange weltweit bekannt.

Mein Teekesselchen ist eine Popgruppe aus Schweden.

Lösung: **Abba**. Anrede Gottes im Neuer Testament, Schwedische Popgruppe.

15

Mein Teekesselchen kann man mieten.

Mein Teekesselchen hat oft nur zwei Räder.

Mein Teekesselchen hängt hinter einem Fahrzeug.

Mein Teekesselchen kann ich leicht tragen.

Mein Teekesselchen gibt es aus Silber und Gold.

Mein Teekesselchen hängt an einer zarten Kette, meist aus Silber oder Gold.

Lösung: **Anhänger**. Fahrzeuganhänger, Schmuckstück an einer Kette.

16

Mein Teekesselchen sorgt für guten Empfang.

Mein Teekesselchen ist aus Metall.

Mein Teekesselchen gehört zum Radio dazu.

Mein Teekesselchen sorgt für Orientierung.

Mein Teekesselchen ist sehr beweglich.

Mein Teekesselchen gehört zu einem Insekt.

Lösung: **Antenne**. Empfangsvorrichtung für z.B. Radios, Fühler von z.B. Insekten.

17

Mein Teekesselchen sorgt für Unterhaltung.

Mein Teekesselchen kann Musik spielen.

Mein Teekesselchen hat ein Band mit zwei Spulen.

Mein Teekesselchen sorgt für Übersicht und Ordnung.

Mein Teekesselchen ist oft aus Holz gemacht.

Mein Teekesselchen hat wertvolle Sachen im Inneren.

Lösung: **Cassette**. Musikcassette, Schmuckcassette.

18

Mein Teekesselchen ist ganz lang.

Mein Teekesselchen ist beweglich.

Mein Teekesselchen hat eine Schnur.

Mein Teekesselchen trägt schwer.

Mein Teekesselchen ist aus Metall.

Mein Teekesselchen gehört zur Tür.

Lösung: **Angel**. Fischfanggerät, Türhalterung.

19

Mein Teekesselchen liegt
im Norden Deutschlands.

Mein Teekesselchen ist
Teil Schleswig-Holsteins.

Mein Teekesselchen ist
eine Halbinsel bei
Flensburg.

Mein Teekesselchen macht
mein Vater gerne.

Bei meinem Teekesselchen ist
er gerne in der Natur.

Mit dem Teekesselchen fängt
er uns oft ein gesundes
Mittagessen.

Lösung: **Angeln**. Halbinsel in Schleswig-Holstein, Tätigkeit des Fische Fangens.

20

Mein Teekesselchen ist aus
Metall.

Mein Teekesselchen
arbeitet mit Strom.

Mein Teekesselchen ist
Teil eines Elektromotors.

Mein Teekesselchen ist auch
aus Metall.

Mein Teekesselchen ist sehr
schwer.

Mein Teekesselchen wird ins
Wasser geworfen.

Lösung: **Anker**. Teil des Elektromotors, Teil eines Schiffes.

21

Mein Teekesselchen gehört zu mir.

Mein Teekesselchen sind viele Menschen.

Mein Teekesselchen ist meine Familie.

Mein Teekesselchen kann ein Bild sein.

Mein Teekesselchen besteht oft aus Text.

Mein Teekesselchen kommt auf den PC.

Lösung: **Anhang**. Angehörige, Dateien in einer E-Mail.

22

Mein Teekesselchen macht man, wenn jemand etwas falsch gemacht hat.

Mein Teekesselchen hat oft eine Strafe zur Folge.

Mein Teekesselchen wird bei der Polizei gemacht.

Mein Teekesselchen informiert diejenigen, die es sehen.

Mein Teekesselchen hat meistens einen Rahmen.

Mein Teekesselchen findest Du in jeder Zeitung.

Lösung: **Anzeige**. Anzeige bei der Polizei, Inserat – Anzeige in der Zeitung.

23

Mein Teekesselchen kann ich hören.

Mein Teekesselchen produziert geschriebene Worte.

Mein Teekesselchen gibt die Geschwindigkeit beim Schreiben an.

Mein Teekesselchen kann ich sehen.

Mein Teekesselchen ist aus bedrucktem oder beschriebenem Papier.

Mein Teekesselchen hängt oft in Schaukästen.

Lösung: **Anschlag**. Anschlag auf der Tastatur, Aushang in Schaukästen.

24

Mein Teekesselchen gibt es in grün, rot und rotgrün.

Mein Teekesselchen ist hoch in der Luft.

Mein Teekesselchen schmeckt lecker.

Mein Teekesselchen ist oft dunkelgrün oder gelblich und faserig.

Mein Teekesselchen liegt auf der Erde.

Mein Teekesselchen riecht überhaupt nicht lecker.

Lösung: **Apfel**. Obst, Pferdeapfel.

25

Papas Motorrad hat ein gutes Teekesselchen.

Mein Teekesselchen kann man fühlen.

Für mein Teekesselchen muss mein Papa richtig viel Gas geben.

Mein Teekesselchen sehe ich oft bei meinem Papa.

Mein Teekesselchen ist aus noblem Stoff.

Mein Papa sieht in meinem Teekesselchen richtig schick aus.

Lösung: **Anzug**. Beschleunigungsverhalten, Kleidungsstück.

26

Mein Teekesselchen ist flüssig.

Mein Teekesselchen riecht scharf.

Mein Teekesselchen ist ein Narkosemittel.

Mein Teekesselchen ist gasförmig.

Mein Teekesselchen riecht nicht.

Mein Teekesselchen ist hoch oben über der Erde.

Lösung: **Äther**. Narkosemittel, Luft/Himmelsraum.

27

Mein Teekesselchen ist riesig und hoch.

Mein Teekesselchen habe ich in Marokko gesehen.

Von Marrakesch aus konnte ich mein Teekesselchen sehen.

Mein Teekesselchen ist groß und schwer.

Mein Teekesselchen brauche ich in der Schule.

In meinem Teekesselchen kann ich Marrakesch auch sehen.

Lösung: **Atlas**. Gebirge im Nordwesten Afrikas, Kartensammlung.

28

Mein Teekesselchen passiert auf Straßen und Plätzen.

Bei meinem Teekesselchen sind viele Menschen beteiligt.

Mein Teekesselchen hat immer einen Grund.

Mein Teekesselchen gibt es daheim oder im Restaurant.

Mein Teekesselchen schmeckt sehr, sehr lecker.

Mein Teekesselchen kommt aus dem Backofen.

Lösung: **Auflauf**. Menschenansammlung, Ofengericht.

29

Mein Teekesselchen ist eine Zahl.

Mein Teekesselchen gibt die Stückzahl an.

Mein Teekesselchen wird bei Büchern angegeben.

Mein Teekesselchen ist gemütlich weich.

Mein Teekesselchen ist oft ganz bunt gemustert.

Mein Teekesselchen gibt es für Stühle und Liegen.

Lösung: **Auflage**. Auflage eines Buches, Polster auf Stühlen und Liegen.

30

Mein Teekesselchen kenne ich aus dem Verein.

Mein Teekesselchen geschieht auf dem Papier.

Mein Teekesselchen kommt beim neuen Mitglied vor.

Mein Teekesselchen findet in einem Studio statt.

Meine Lieblingsband hat mein Teekesselchen gemacht.

Mein Teekesselchen ist wichtig für Musiker, denn so zeigen sie ihre Musik.

Lösung: **Aufnahme**. Mitglied aufnehmen, Musikaufnahme.

31

Mein Teekesselchen gehört zu mir.

Mein Teekesselchen habe ich gleich zweimal.

Mein Teekesselchen trage ich in meinem Körper.

Mein Teekesselchen sehe ich beim Essen.

Von meinem Teekesselchen gibt es ganz viele.

Mein Teekesselchen schwimmt in der Suppe oben.

Lösung: **Auge**. Auge zum Sehen, Fettauge.

32

Mein Teekesselchen gibt es in vielen Gebäuden.

Mein Teekesselchen hat zwei Schiebetüren.

Mein Teekesselchen bringt mich schnell nach oben oder unten.

Mein Teekesselchen ist immer ein Teil vom Ganzen.

Mein Teekesselchen gibt es bei Theaterstücken.

Nach meinem Teekesselchen fällt der Vorhang.

Lösung: **Aufzug**. Fahrstuhl, Teil eines Theaterstücks (Akt).

33

Mein Teekesselchen gibt es in der Schule jeden Tag.

Mein Teekesselchen gibt es in der Hofpause in der Schule.

Mein Teekesselchen passt auf die Schüler auf.

Mein Teekesselchen gibt es in der Natur von Bergen aus.

Mein Teekesselchen habe ich aus dem Fenster eines Flugzeugs.

Alles sieht mit meinem Teekesselchen ganz klein aus.

Lösung: **Aufsicht**. Aufpasser, Blick von oben.

34

Mein Teekesselchen ist eine Explosion.

Mein Teekesselchen ist heiß und gefährlich.

Mein Teekesselchen gibt es bei manchen Bergen.

Mein Teekesselchen passiert heimlich.

Mein Teekesselchen ist überhaupt nicht erlaubt.

Mein Teekesselchen passiert in Gefängnissen

Lösung: **Ausbruch**. Entladung eines Vulkans, Flucht aus dem Gefängnis.

35

Mein Teekesselchen raschelt bei Bewegung.

Mein Teekesselchen kommt aus der Maschine.

Diese Maschine heißt „Drucker".

Mein Teekesselchen kann ich bei Dir sofort sehen.

Mein Teekesselchen zeigt mir, wenn Du traurig bist.

Mein Teekesselchen machst Du mit Deinem Gesicht.

Lösung: **Ausdruck**. gedruckte Version eines Dokuments, Miene/Gesichtsausdruck.

36

Mein Teekesselchen heißt wie mein Nachbar.

Mein Teekesselchen war 2017 ein Sturmtief.

Mein Teekesselchen stammt aus Skandinavien.

Mein Teekesselchen erfordert ganz viel Übung.

Mein Teekesselchen gibt es nur in kalten Sporthallen.

Mein Teekesselchen ist eine Figur beim Eiskunstlauf.

Lösung: **Axel**. Männlicher Vorname, Sprung mit Drehung beim Eiskunstlauf.

37

Mein Teekesselchen lebte in Leipzig.

Mein Teekesselchen spielte dort Orgel.

Mein Teekesselchen ist ein berühmter Komponist.

Mein Teekesselchen gibt es in der Natur.

In meinem Teekesselchen leben Frösche.

In meinem Teekesselchen kann ich meine Füße baden.

Lösung: **Bach**. Komponist, Wasserlauf.

38

Mein Teekesselchen steckt in meiner Hose.

Mein Teekesselchen habe ich gleich zweimal.

Mein Teekesselchen ist ein Teil meines Popos.

Mein Teekesselchen wird, wenn ich mich schäme, rot.

Mein Teekesselchen habe ich auch gleich zweimal.

Mein Teekesselchen habe ich doppelt im Gesicht.

Lösung: **Backe**. Pobacke, Wange.

39

Wer mein Teekesselchen sagt, meint es nicht nett.

Mein Teekesselchen finde ich sogar gemein.

Mein Teekesselchen meint ein Kind.

Mein Teekesselchen brauche ich im Sommer.

Mein Teekesselchen brauche ich für meine Luftmatratze.

Mein Teekesselchen pustet Luft.

Lösung: **Balg**. abwertender Ausdruck für ein Kind, Gerät zum Luft blasen.

40

Mein Teekesselchen ist rund und aus Leder oder Kunststoff.

Mein Teekesselchen ist meistens auch bunt.

Mein Teekesselchen zum Spielen mit Händen und Füßen da.

Zu meinem Teekesselchen kommen alle in nobler Kleidung.

Mein Teekesselchen gibt es oft nach dem Schulabschluss.

Bei meinem Teekesselchen wird Walzer getanzt.

Lösung: **Ball**. Spielball, Tanzball.

41

Mein Teekesselchen
brauche ich Weihnachten.

Mein Teekesselchen hilft
mir beim Einpacken.

Mein Teekesselchen gibt
es in durchsichtig oder
bunt.

Mein Teekesselchen besteht
aus mehreren Leuten.

Mein Teekesselchen übt oft in
einem Probenraum.

Mein Teekesselchen gibt oft
Konzerte und geht auf
Tournee.

Lösung: **Band**. Klebeband, Musikband.

42

Mein Teekesselchen steht
mitten in der Stadt.

Mein Teekesselchen ist in
einem Gebäude mit
Videoüberwachung.

In meinem Teekesselchen
kann ich Geld abheben.

Mein Teekesselchen steht vor
oder hinter dem Haus.

Mein Teekesselchen ist aus
Holz oder Kunststoff
hergestellt.

Auf meinem Teekesselchen
kann ich gut sitzen.

Lösung: **Bank**. Geldinstitut, Sitzmöbel.

43

Mein Teekesselchen
kennen Autofahrer.

Mein Teekesselchen gibt
einen Wert an.

Mein Teekesselchen misst
den Luftdruck.

Mein Teekesselchen befindet
sich in einem Haus.

Mein Teekesselchen ist für
Erwachsene.

Mein Teekesselchen hat nachts
geöffnet.

Lösung: **Bar**. Druckmesseinheit, Gaststätte.

44

Mein Teekesselchen gibt
es verschiedenen groß.

Mein Teekesselchen glänzt
und ist wertvoll.

Mein Teekesselchen ist
z.B. aus Gold oder Platin.

Mein Teekesselchen kenne ich
aus der Schule.

Mein Teekesselchen steht im
Geräteraum der Turnhalle.

Mein Teekesselchen gibt es
auch mit zwei Stufen.

Lösung: **Barren**. z.B. Goldbarren, Turngerät.

45

Mein Teekesselchen ist aus Metall.

Mein Teekesselchen habe ich in meiner Tasche.

Mein Teekesselchen gehört zu einem Schlüssel.

Mein Teekesselchen sehe ich bei Opa.

Mein Teekesselchen lassen sich viele Männer wachsen.

Mein Teekesselchen tragen sie in ihrem Gesicht.

Lösung: **Bart**. B. am Schlüssel, B. im Gesicht.

46

Mein Teekesselchen kenne ich aus der Schule.

Mein Teekesselchen gibt in Chemie.

Mein Teekesselchen ist das Gegenteil von Säure.

Mein Teekesselchen kenne ich schon seit sie lebt.

Mein Teekesselchen ist mit mir verwandt.

Mein Teekesselchen ist die Tochter meiner Tante.

Lösung: **Base**. Chemische Verbindung (Gegenstück zur Säure), Cousine.

47

Mein Teekesselchen spielt ein Musiker.

Mein Teekesselchen ist ein Saiteninstrument.

Mein Teekesselchen hat vier oder mehr Saiten.

Mein Teekesselchen kann man hören.

Mein Teekesselchen gehört in jeden Männerchor.

Mein Teekesselchen ist die tiefste Stimmlage.

Lösung: **Bass**. Musikinstrument, tiefe männliche Gesangs-Stimmlage.

48

Mein Teekesselchen steht auf der Erde.

Mein Teekesselchen hat oft einen Keller.

Mein Teekesselchen wird von Arbeitern gemauert.

Mein Teekesselchen ist unter der Erde.

Mein Teekesselchen hat oft sogar zwei Eingänge.

Mein Teekesselchen wird von Tieren gegraben.

Lösung: **Bau**. Gebäude, Tierhöhle.

49

Mein Teekesselchen lebt
auf einem Hof.

Mein Teekesselchen sorgt
für Milch und Getreide.

Mein Teekesselchen ist mit
einem Traktor unterwegs.

Mein Teekesselchen gibt es
auch in der Stadt.

Mein Teekesselchen ist zum
Wohnen und Fressen da.

In meinem Teekesselchen
leben mindestens zwei Vögel
zusammen.

Lösung: **Bauer**. Landwirt, Vogelkäfig.

50

Mein Teekesselchen hält
etwas fest.

Mein Teekesselchen gibt
es bei jedem Segelboot.

Mein Teekesselchen dient
zum Einstellen des Segels.

Mein Teekesselchen lebt in der
Natur.

Mein Teekesselchen trägt
sogar eine große eine Krone.

Mein Teekesselchen ist eine
verholzte Pflanze.

Lösung: **Baum**. B. am Segelboot, Pflanze.

ÜBER DEN AUTOR

Rätsel, Quiz und Teekesselchen sind Lebenselixier für Michael Felske. Im Internet finden Sie viel davon unter www.teekesselchenquiz.com und www.quiz-und-spiele.de. Außerdem beschäftigt er sich mit Fotografie, Grafik und dem Schreiben von Büchern. *(Lösung oben: Heft)*